내 인생에서 가장 중요한 한 사람
조 앤Jo Ann에게
사랑을 담아

일러두기

1. 이 책은 저자의 주석과 옮긴이의 주석이 있습니다. 저자 주석은 222~225쪽에 있습니다.
2. 본문에 나오는 도서 가운데 국내에 출간되지 않은 책들은 번역문 옆에 영문 제목을 넣었습니다. 이미 국내에 소개된 책은 책 이름만 표시했습니다.
3. 인명 및 지명 등의 표기는 되도록 현행 외래어 표기법을 따랐습니다.

The Little Book of
MARKET WIZARDS

타이밍의 마법사들

잭 슈웨거 지음 | 김인정 옮김

위대한 트레이더 55인의 성공 법칙

당신만의 전략을 세우기 위한 첫 걸음

해마다 성탄절부터 새해까지 연휴 기간에는 오랜 전통처럼 영화 〈제이슨 본Bourne〉 시리즈 3부작을 보고 잭 슈웨거의 《시장의 마법사들》 시리즈를 읽는다. 본 3부작은 순전히 재미를 위해서고 《시장의 마법사들》 시리즈는 다가올 전투에 감정적, 정신적으로 대비하기 위해서다.

투기적 거래를 업으로 하는 사람들에 관해 슈웨거만큼 풍부한 기록을 책으로 펴낸 사람은 현존하는 작가나 작고한 작가 할 것 없이 찾아보기 어렵다. 트레이더라면 세대를 막론하고 《시장의 마법사들》 시리즈와 잭에게 적어도 성공의 일부를 빚지고 있는 것이다. 에드윈 르페브르Edwin Lefèvre의 《어느 주식 투자자의 회상》[1]이 지금까지도 널리 읽히는 것처럼 《시장의

---

1. 1923년 출간되었다.

마법사들》시리즈가 앞으로 80년 뒤에도 여전히 시의성을 지 닐 것이라는 데는 의심의 여지가 없다.

성공을 꿈꾸며 시장에 들어선 사람들 중에 우리 시대 최고 의 성공과 성취를 이룬 트레이더 55명의 곁에서 그들의 지혜 를 빌리고 싶지 않은 사람이 있을까? 잭 슈웨거는 《시장의 마 법사들》시리즈를 통해 바로 이 기회를 제공한다. 통찰력, 시 장이 작동하는 과정에 대한 이해, 위험관리 원칙 그리고 주식, 금리, 외환, 선물시장에서 '명예의 전당'에 오른 사람들의 핵심 교훈을 고스란히 담아 전달하는 것이다.

1981년부터 트레이딩을 전업으로 해온 사람으로서, 나는 다른 사람들의 '비법'을 일일이 자세하게 가르쳐주는 실용서 를 좋아하지 않는다. 꾸준히 수익을 올리는 트레이더들에게는 두 가지 공통점이 있다. 첫 번째로 자신만의 개성을 반영한 시 장에 대한 접근방식이 있다. 두 번째는 공격적인 위험관리를 들 수 있다. 이 두 가지 요소는 《시장의 마법사들》시리즈를 읽 을 때마다 매번 신선하고 새로운 방식으로 등장해 과거, 현재 그리고 미래의 투기시장에서 나만의 방법을 성찰할 것을 요구 한다.

《타이밍의 마법사들》은 전작에 새로운 생명을 불어넣는다. 지난 모든 인터뷰를 빠르게 돌아본다는 점에서 《시장의 마법사들》의 클리프노트CliffNotes[2]라고 볼 수도 있겠다. 하지만 트레이딩의 대가들을 상대로 한 방대한 인터뷰에서 오직 슈웨거 자신만이 찾아낼 수 있는 이야기라는 점에서 이 책은 주목할 만한 새로운 차원을 제시한다.

앞서 나온 총 4편에 실린 트레이더 60여 명과의 인터뷰를 다시 주제 중심으로 해석했고, 그중에 55인의 트레이더를 소개한 이 책은 전작의 내용을 모두 아우르는 동시에 성공적인 트레이딩의 핵심 요소만을 간추려 담아냈다.

이 책은 공격적인 위험관리와 각자의 개성을 반영한 맞춤형 접근방식이 필요하다는 주제에 성공한 트레이더들의 다양한 공통분모를 실제 사례와 함께 소개해 더욱 유용하다. 책에서 다루고 있는 주제는 인내심이 중요한 이유에서부터 경쟁 우위, 노력과 수고의 중요성, 자기 규율의 필요성, 패배도 게임의 일부라는 사실, 감정을 제대로 처리해야 하는 이유, 손실이 이어질 때 대처 방법, 실수의 가치에 이르기까지 무척 다양하다.

야심 찬 초보 트레이더들의 경우 흔히 진입 신호를 잘 포착하는 것이 수익을 내는 비결이라는 그릇된 믿음이 있다. 그리고 약삭빠른 장사꾼들이(대부분 트레이딩으로 성공하지 못한 사람들

---

2. '빠르고, 믿을 수 있고 검증된Fast, Trusted, Proven' 브랜드라는 슬로건을 내세워 다양한 분야의 고전을 읽기 쉽게 재구성한 개론서로 미국 시장에서 베스트셀러에 올랐다.

이다.) 70~80퍼센트 승률을 보장하는 자동매매 시스템이 있다며 그릇된 믿음을 부추긴다.

새내기, 베테랑, 성공을 꿈꾸며 고군분투하는 사람, 오랫동안 수익을 내온 사람, 스스로 판단하는 사람, 자동매매 시스템을 이용하는 사람, 일반 트레이더 그리고 헤지펀드 매니저에 이르기까지 모든 시장 참여자들은 조만간 트레이딩과 시장에 관해 가장 좋아하는 책의 목록에 잭의 《타이밍의 마법사들》을 추가하게 될 것이다.

매년 연말에 읽을 새로운 책이 생겼다. 사실 다른 어느 책보다 이 책을 가장 먼저 읽고, 또 읽고 다시 읽으려고 한다. 시장에 뛰어든 우리에게 또 하나의 멋진 선물을 준 슈웨거에게 감사의 마음을 전한다.

피터 L. 브랜트Peter L. Brandt 트레이더
트레이딩 회사 팩터 LLC 설립자이자 최고경영자

성공을 위한 핵심 요소는 같다!

지난 25년 동안 세계 최고의 트레이더들을 만나 그처럼 성공을 거둘 수 있었던 원인을 찾고《시장의 마법사들》총 4편에 시간 순서대로 정리했다. 성공한 트레이더들은 일반 시장참여자들과 어떤 점에서 차별화될까? 그들의 공통적인 특징은 무엇일까? 나는 이 질문에 대한 답을 찾기 위해 노력했다.

그리고《타이밍의 마법사들》에 그 답을 추출해 담아냈다. 본질적으로 이 책은 30년을 아우르는《시장의 마법사들》전작에 담긴 중요한 통찰을 간략히 정리한 것이다. 이 책은 앞서 나온 책들을 대체하려는 것이 아니라 간략한 입문서로써 활용되는 것이 목적이다.《시장의 마법사들》시리즈를 준비하며 진행한 인터뷰에서 내가 특히 중요하다고 생각하는 교훈을 따로 뽑아 정리했지만, 독자들마다 주목하는 요소는 다를 수 있다.

독자들이 가장 좋아한다고 꼽은 인터뷰가 늘 각기 달랐던 것을 생각하면 분명히 그럴 것이다. 인터뷰 내용을 좀 더 심도 있게 살펴보고 싶다면 앞서 나온 《시장의 마법사들》 시리즈에서 확인할 수 있다.

트레이딩과 투자에 관심은 있지만 아직 《시장의 마법사들》 시리즈를 읽지 않은 독자들에게 이 책은 유용한 조언을 모아 간결하고 이해하기 쉽게 전달할 것이다. 지난 인터뷰에 담긴 핵심 교훈을 요약해 편리하게 되짚어 보도록 했다는 점에서 《시장의 마법사들》 시리즈를 이미 읽은 독자들에게도 도움이 될 것이다.

이 책은 트레이딩 입문서가 아니고 트레이딩 기법을 설명하는 책도 아니다. 시장에서 돈을 버는 방법을 제안하거나 추천하지도 않는다. 트레이딩에는 공식이 적용되지 않지만 너무나 많은 사람이 성공을 꿈꾸며 입문서에 의지한다. 어떤 방법론을 택하든 트레이딩에 성공하려면 반드시 알아야 하는 개념이 있다는 사실을 전혀 이해하지 못하는 것이다. 시장에서 쉽게 돈을 버는 비법공식 같은 것을 찾는 사람은 이 책에서 답을 찾지 못하고 실망할 것이다. 또한 돈을 벌게 해준다고 약속하는 책에 소개된 처방을 따르더라도 그 결과에 역시 실망하게 될 것이다.

반면 시장에서 성공하기 위해 기초를 쌓으려는 독자라면 《타이밍의 마법사들》에 담긴 다양한 아이디어가 지금 당장 필요하지 않더라도 언젠가 유용하게 쓰일 것이다.

표면적으로는 트레이딩을 다루지만 넓은 의미에서 이 책은 일반적인 성공에 관한 이야기이다. 이 책에서 강조하는 인간의 여러 특성이 상당한 노력과 수고를 요구하는 모든 분야에 두루 적용되는 성공의 요건이라는 것을 독자들도 공감할 것이다.

오래전 성공하는 트레이딩을 주제로 강연을 마친 내게 한 참석자가 다가와 이렇게 말했다. "저는 목회자인데요, 강조하신 요소 대부분이 성공적으로 하나님의 회중을 세우는 일에도 크게 도움이 되는 것들이라 굉장히 인상적이었습니다." 목회 활동과 트레이딩이야말로 더 없이 거리가 먼일이지만 성공을 위한 핵심 요소는 서로 같을 수 있다. 나는 성공에 이르는 어떤 공통된 원칙이 있는 것은 아닐까 생각했고, 위대한 트레이더들의 시각을 통해 그 원칙을 발견했다.

1부

실패 없이 성공할 수 없다

2부

성공한 트레이더는 무엇이 다를까?

3부

시장에서 온전히 살아남는 방법

1부

실패 없이 성공할 수 없다

실패는
예측할 수 없다

하늘을 올려다보며 "정말 이 정도로 한심할 수가 있을까요?"라고
하소연했다. 그러고 나면 분명한 대답이 들리는 듯 했다.
"아니, 넌 한심하지 않아. 그저 끝까지 견뎌내면 돼."
그래서 그저 끝까지 견뎠다.

– 마이클 마커스

밥 깁슨Bob Gibson 이야기

1959년 4월 15일, 밥 깁슨은 다저스에 3대 0으로 뒤지고 있는 카디널스Cardinals의 구원투수로 메이저리그 첫 경기를 치렀다. 깁슨은 첫 번째 상대에게 홈런을 맞았다. 메이저리그 역사상 단 65명의 투수만이 경험한 치욕적인 기록이었다. 다음 이닝에서 또 한 번 홈런을 내줬다. 다음 날 저녁 경기에 구원투수로 등판해 만회할 기회를 얻었지만, 또다시 다저스로부터 큰 타격을 입었다. 이틀 뒤 자이언츠와의 경기에서는 8회 2사 2루에 등판하자마자 2루타를 얻어맞았다. 깁슨은 이날 경기를 마치고 일주일 동안 벤치에 앉아 있다가 마이너리그로 내려갔다. 이보다 더 무기력한 출발도 없을 것이다.

시작은 우울했지만 깁슨은 결국 야구 역사상 최고의 투수 중 한 사람으로 기록되었다. 깁슨은 역대 투수 가운데 상위

20위 안에 이름을 올린다. 메이저리그에서 17시즌을 뛰며 총 251승, 탈삼진 3,117개, 평균자책점ERA: earned run average 2.91을 기록했다. 사이영Cy Young 상을 두 번 수상했고 월드시리즈 최우수선수로 두 차례 선정되었으며 올스타팀에 아홉 번 합류했고 후보 자격을 갖추자마자 그해 미국 야구 명예의 전당에 헌액되었다.

초기 실패에 대응하는 방법

《시장의 마법사들》연작을 집필하며 놀랐던 것은 크게 성공한 트레이더 가운데 많은 사람이 초반에 실패를 경험했다는 사실이다. 심지어 몇 번이나 빈털터리가 된 경험도 드물지 않았다. 대표적인 사례가 마이클 마커스Michael Marcus이다.

마이클 마커스는 친구를 통해 알게 된 지인을 따라 대학 3학년 때 원자재상품 매매에 발을 들였다. 2주 만에 돈을 두 배로 불려주겠다는 제의에 솔깃해진 그는 지인에게 일주일에 30달러를 자문료로 주기로 하고 예금을 긁어모아 선물 계좌를 열었다.

증권사 지점 고객 대기실에 앉아 벽면을 가득 채운 상품 시세판 위의 숫자들이 딸각거리며 떨어지는 모습을 (아직 1960년대였다.) 지켜본 마커스는 이른바 '자문' 역할을 하는 존이 트레이딩을 할 줄 모른다는 사실을 금세 알아차렸다. 마커스는 모든 매매에서 돈을 잃었다. 존은 상황을 수습할 방법이 있다고 했다. 냉동삼겹살 8월물을 매수하고 다음 해 2월물을 매도하는 계획이었다. 두 계약의 가격 차이가 보유비용carrying charge(근월물 인도, 상품 보관, 선도계약 재인도에 드는 총비용)보다 크기 때문에 가능한 매매라고 했다. 절대로 손실이 날 일은 없어 보였다. 마커스와 존은 주문을 한 뒤에 점심을 먹으러 갔다. 식사를 마치고 돌아왔을 때 충격적이게도 마커스의 계좌는 거의 완전히 파산 지경에 이르렀다. (냉동삼겹살 8월물은 2월물 계약에 대해 애초에 인도가 불가능하다는 것을 나중에 알았다.) 마커스는 존에게 서로 아는 것이 비슷한 것 같다고(즉, 둘 다 아무것도 모른다고) 말하고 자문 계약을 해지했다.

마커스는 서둘러 500달러를 추가로 마련했지만 그것마저 잃었다. 실패를 인정할 수 없었던 마커스는 포기하지 않고 자신이 열다섯 살이었을 때 돌아가신 아버지가 남긴 생명보험에서 3,000달러를 현금화하기로 마음먹었다. 그런 다음 곡물을 공부했고 몇 건의 매매에서 이익을 내기 시작했다. 1970년에는 구독하던 소식지의 추천에 따라 옥수수를 샀다. 운 좋게도 그해에는 병충해로 옥수수 작황이 부진했다. 여름이 끝날 무렵 마커스가 투자한 3,000달러는 3만 달러로 불어나 있었다.

가을에 대학원에 입학했지만 매매에 골몰한 나머지 학교를 중퇴했다. 그는 뉴욕으로 이사했고 직업을 묻는 사람들에게 다소 거만하게 '스페큘레이터speculator[1]'라고 답했다.

1971년 봄, 병충해가 겨울을 나고 옥수수 작황에 다시 피해를 입힐 것이라는 의견이 지배적이었다. 마커스는 그 이론을 믿고 기회로 활용하기로 했다. 어머니로부터 빌린 2만 달러와 기존 계좌에 있던 3만 달러를 합한 5만 달러를 전부 활용해 신용으로 살 수 있는 최대 수량으로 옥수수와 밀 계약을 매수했다.

시장은 병충해 공포로 한동안 안정세를 유지했지만 가격이 더 오르지는 않았다. 어느 날 아침, 한 금융지가 '시카고 상품거래소, 중서부 옥수수밭보다 더 심각한 병충해 타격'이라는 제목의 기사를 냈다. 옥수수 가격은 개장과 동시에 급락했고 빠르게 하한가limit down까지 떨어졌다①. 마커스는 꼼짝 못 한 채 시장이 반등하기만을 바랐다. 하한가에서 벗어나지 못하는 시장을 멍하니 지켜보며 부디 반등하기만을 기다렸다. 신용융자 규모가 워낙 커서 다음 날 아침 계약을 전부 청산하는 것 외에는 다른 방법이 없었다. 시장에서 빠져나왔을 때는 3만 달러 전부, 그리고 어머니가 맡긴 2만 달러 가운데 1만 2,000달러가 날아간 뒤였다.

마커스에게 그 정도로 실패를 경험한 뒤 포기하려고 한 적

---

1. 투기적 거래자. 가격 변동을 예측해 위험을 감수하고 상대적으로 단기 시세 차익을 추구한다.

은 없는지 물었다. 마커스는 대답했다. "계속 손실을 보는 것이 너무 고통스러워서 아예 그만둬야 하는 게 아닐까 생각하곤 했죠. 〈지붕 위의 바이올린〉이라는 영화를 보면 주인공이 하늘을 올려다보며 이야기하는 장면이 나옵니다. 저도 하늘을 보며 '정말 이 정도로 한심할 수가 있을까요?'라고 하소연하고는 했죠. 그러고 나면 분명한 대답이 들리는 듯했습니다. '아니, 넌 한심하지 않아. 그저 끝까지 견뎌내면 돼.' 그래서 그저 끝까지 견뎠습니다."

마커스는 정말로 끝까지 버텨냈고 마침내 모든 것이 그에게 유리하게 돌아갔다. 그는 트레이딩에 놀라운 재능이 있었다. 타고난 능력에 경험과 위험관리 원칙을 더하자 그때부터 믿기 어려울 정도로 성공을 거두기 시작했다. 마커스는 코모더티즈 코퍼레이션Commodities Cooperation에 트레이더로 입사했다. 회사는 그의 계좌에 3만 달러를 할당했고 몇 년 뒤 10만 달러를 추가로 맡겼다. 마커스는 자신에게 할당된 소소한 자금을 약 10년 뒤 무려 8,000만 달러로 불렸다. 게다가 이 수익은 회사가 급격히 증가하는 비용을 충당하기 위해 수년간 이익의 30퍼센트까지 계좌에서 인출해간 뒤 달성한 것이다.

'한 계약의 끈기가 만든 수익

많은 시장의 마법사들이 초반에 어느 정도 실패를 경험했지만 토니 살리바Tony Saliba 만큼 심각한 좌절을 맛본 사람도 없을 것이다. 아직 거래소 플로어 사무원으로 일하던 시절, 한 트레이더가 그에게 매매자금으로 5만 달러를 맡겼다. 살리바는 변동성 스프레드를 매수했다. (시장의 변동성이 커지면 이익을 얻는 옵션 포지션이다.) 첫 2주 동안 살리바의 계좌 잔고는 7만 5,000 달러까지 불어났다. 그는 스스로 천재라고 생각했다. 하지만 변동성이 크게 확대된 바로 다음에 옵션을 매수한 탓에 굉장히 높은 프리미엄을 지불했다는 사실은 깨닫지 못했다. 시장은 곧 횡보했고 시장의 변동성과 옵션 프리미엄도 급락했다. 6주 뒤 살리바의 계좌 잔고는 1만 5,000달러에 불과했다.

살리바는 당시를 이렇게 회상했다. "죽고 싶었습니다. 1979년 5월 오헤어O'Hare에서 있었던 DC-10 추락사고[2] 아시죠? 탑승자 전원이 사망한 사고였습니다. 그때 저도 바닥을 쳤어요."

"계좌도, 마음 상태도요?" 내가 물었다.

"그렇습니다. 그날 그 비행기에 내가 탔어야 한다고 생각했어요. 그 정도로 엉망이었죠. '이제 다 끝났어. 내 인생은 이대

로 끝이라고.' … 스스로 패배자라고 여겼죠."

출발은 암울했지만 살리바에게는 한 가지 중요한 장점이 있었다. 바로 끈기였다. 시작부터 참담한 경험을 한 뒤 트레이딩 세계를 떠날 뻔했지만 그는 결국 계속 노력해보기로 결심했다. 우선 경험 많은 트레이더들에게 조언을 구했다. 그들은 해야 할 과제를 해내는 자기 규율과 서둘러 부자가 되려고 하기보다는 적당한 수익을 꾸준히 올리겠다는 목표가 중요하다고 가르쳤다. 그 교훈을 마음에 새긴 살리바는 변동성이 극심했던 텔레다인Teledyne 옵션에서 가격 변동 폭이 크지 않은 보잉Boeing 옵션으로 갈아탔다.

다시 텔레다인을 매매하게 됐을 때는 매번 주문 수량을 보수적으로 잡아서 다른 브로커들의 비웃음을 살 정도였고 심지어 '한 계약'이라는 별명도 얻었다. 살리바는 역시 끈기를 발휘해 조롱을 견뎌내며 신중한 접근법을 고수했다. 끈기 있게 위험통제에 집중한 결과 마침내 성과를 거두었다. 살리바는 70개월 연속 이익을 기록하며 총 10만 달러가 넘는 수익을 올렸다.

두 가지 교훈

이 장에서 우리는 두 가지 중요한 교훈을 얻는다. **첫째, 실패는 예측 불가능하다.** 위대한 트레이더들 조차도 처음에는 실패하는 경우가 흔히 있고 심지어 실패를 반복하기도 한다. 결국 '시장의 마법사들'로 성공한 사람들에게도 초반의 실패는 당연한 일이었다.

한편, 트레이딩에 나서는 사람들이 대부분 처음에는 실패를 경험한다는 사실을 생각하면 출발은 적은 금액으로 하는 것이 좋다. 어쩔 수 없이 치러야 할 수업료라면 적은 편이 낫기 때문이다.

둘째, 끈기는 성공에 중요한 요소이다. 이 장에서 자세히 소개한 트레이더들과 같은 유형의 실패를 경험했다면 대부분 포기하고 다른 일을 시도했을 것이다. 그들 역시 그렇게 하는 편이 더 쉬웠을 것이다. 지칠 줄 모르는 끈기가 아니었다면 많은 시장의 마법사들은 자신의 잠재력이 어디까지인지 결코 발견하지 못했을 것이다.

Chapter 2

유일한 정답은
없다

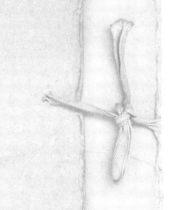

시장에는 발견해야 하는 유일한 비법도,
유일하게 옳은 트레이딩 방법도 없다.
유일한 정답을 찾아 헤매는 사람들은 정답을 얻는 것은
고사하고 아직 제대로 된 질문도 하지 못하고 있다.

중요하지 않은 것

성공적인 트레이딩을 위해 무엇이 중요한지 생각하기에 앞서, 중요하지 않은 것은 무엇인지부터 알아보려고 한다. 많은 초보 트레이더들이 성공에 반드시 필요하다고 믿는 것들이 사실은 정작 중요한 것을 놓치게 만들기 때문이다. 트레이더가 되려는 많은 사람이 가격의 움직임을 설명하고 예측하는 비법 공식이나 시스템을 찾는 데 성공의 여부가 달려있다고 믿는다. 시장가격의 행태를 설명하는 해법을 발견하기만 한다면 성공은 보장된 것이라고도 생각한다. 트레이딩의 성공 여부가 특정한 이상적 접근방식을 찾는 것과 관련이 있다는 생각은 잘못된 것이다. 트레이딩 방법에 유일한 정답 같은 것은 없다.

내가 인터뷰한 트레이더 짐 로저스Jim Rogers와 마티 슈워츠

Marty Schwartz의 상반된 트레이딩 철학과 접근방법이 이것을 설명한다.

기본적 분석에 충실했던 짐 로저스

짐 로저스는 트레이더로서 경이적인 성공을 거두었다. 물론 장기 투자 성향을 띠는 포지션의 특성상 그는 트레이더가 아닌 투자자로 불리기를 고집할 것이다. 그는 1973년 조지 소로스George Soros와 함께 역사상 가장 성공한 헤지펀드 중 하나인 퀀텀펀드Quantum Fund를 설립했다. 그러나 회사가 성공하고 규모를 확장하면서 경영진으로서 원치 않는 책임을 맡아야 하는데 부담을 느껴 1980년 퀀텀펀드를 떠났다. 시장에 대한 리서치와 투자에 집중하고 싶었던 로저스는 자신의 자금을 운용하기 위해 '은퇴'를 결심했다.

로저스는 특히 큰 그림을 보고 유의미한 장기 추세를 예측하는 데 뛰어난 기량을 발휘했다. 1988년 인터뷰 당시, 금 가격은 8년째 하락세를 이어오고 있었다. 로저스는 약세장이 10년은 더 계속될 것으로 확신하는 듯했다.

"지휘관들은 항상 지난 전쟁의 경험을 기준으로 다음 전쟁을 준비하고 포트폴리오 매니저들은 늘 지난 강세장을 기준으로 투자하죠. 금이 언제 어느 때고 상관없이 탁월한 가치 저장

수단이라는 생각은 터무니없어요. 실제로 금도 구매력을 잃은 적이 있습니다. 그 기간이 수십 년이었던 적도 있죠.”

로저스는 전적으로 옳았다. 금 가격은 그 후 11년이나 하락세를 이어갔다. 로저스는 일본 주식시장도 주목했다. 당시 일본 증시는 폭발적인 강세장을 보였다. 그러나 로저스는 시장이 거대한 하락세로 전환할 것이라고 확신했다.

“일본 주식시장은 앞으로 1~2년 안에 틀림없이 크게 폭락할 겁니다. … (일본 기업들의 주가는) 80~90퍼센트 하락할 거예요.”

터무니없어 보이는 예측이었지만 이번에도 정확했다. 이 대화를 나누고 1년이 조금 지났을 때 일본 증시는 고점을 찍은 뒤 하향세를 그리기 시작했다. 닛케이지수는 그 후 14년간 약 80퍼센트 하락했다.

분명히 짐 로저스의 의견은 주목할 가치가 있다. 로저스는 기본적fundamental 분석에 충실하다. 그에게 차트 읽기를 어떻게 생각하는지 물었다. 돌아온 답변에는 기술적 분석에 대한 냉소적인 태도가 여실히 드러났다.

“기술적 분석가가 부자인 경우를 본 적이 없어요. 물론 기술적 분석을 팔아서 큰돈을 버는 사람들은 제외하고 말이죠.”

차트를 활용한 경험이 있는지도 물었다.

“어떤 상황인지 보려고 차트를 활용합니다.… 아까 뭐라고 하셨죠? 리버설reversal? '여기서 리버설이 나타났군.' 하는 식으로 보지는 않아요. 리버설이 뭔지도 모르고요."

용어를 설명하려고 하자 로저스가 말을 막았다.

"알려주지 마세요. 머리만 복잡해집니다. 그런 건 모르고 알고 싶지도 않습니다."

특정한 트레이딩 방법론을 평가할 때, 기술적 분석에 대한 짐 로저스의 태도보다 더 냉소적이기도 어려울 것이다.

기술적 분석으로 최고의 수익률을 유지하다

역시 트레이더로서 대단한 성공을 거둔 마티 슈워츠의 접근방식은 로저스와는 정반대였다. 4만 달러로 출발한 그의 계좌 자산은 인터뷰 당시 2,000만 달러가 넘었고 그 기간 동안 드로다운drawdown[3]은 3퍼센트를 넘은 적이 없었다(월말 기준). 슈워츠는 최악의 실적을 기록한 두 달은 (각각 3퍼센트, 2퍼센트 손실에 불과했다.) 아이들이 태어나서 집중력이 흐트러질 수밖에 없었노라고 굳이 설명을 덧붙였다. 그 사이 일반인을 대상으로 한 수익률 대회에도 열 번이나 참가했다. 각각 4개월 동안 진행된 아홉 개 대회에서 기록한 평균 수익률은 무려 210퍼센

---

3. 특정 기간 최고 평가금액 대비 최대 몇 퍼센트 손실이 발생했는지 측정하는 지표로 최고 평가금액 대비 최대 손실을 가리킨다.

트(연율화 하지 않음)에 달했다. 남은 한 개 대회에서는 대회 기간 1년 동안 781퍼센트 수익률을 기록했다.

슈워츠는 분명히 진지하게 의견을 청취할 만한 트레이더다. 기술적 분석 대비 기본적 분석의 효율성이라는 주제에 대해 그는 어떻게 생각할까? 기술적 분석을 활용하는 전업 트레이더로 나서기 전 10년 가까이 주식 애널리스트로 일했던 그의 대답은 역설적이게도 기술적 분석에 대한 로저스의 평가에 정면으로 반박하는 것이었다. 물론 나는 그에게 로저스의 코멘트를 언급하지 않았다.

슈워츠는 이렇게 대답했다. "'기술적 분석가가 부자인 경우를 본 적이 없다.'라고 말하는 사람들을 보면 솔직히 우스워요. 대단한 사람들이죠! 정말로 오만하고 터무니없어요. 저는 9년 동안 기본적 분석을 활용했지만 부자가 된 건 기술적 분석 덕분입니다."

트레이딩에 어떤 방법이 효과가 있는 것처럼 명확하게 의견이 나뉘고 각자의 견해를 완강히 고수하는 주제도 찾기 어려울 것이다. 전적으로 기본적 분석을 근거로 판단하는 로저스에게 기술적 분석은 엉터리 약이나 다를 바 없다. 반면 기본적 분석으로 늘 손실을 봤던 슈워츠는 기술적 분석으로 놀라운 성과를 올렸다. 두 사람 모두 눈부신 성공을 거두었고, 두 사람 모두 서로의 방법을 전적으로 경멸하며 냉소적으로 바라본다.

자신만의 정답 찾기

　로저스와 슈워츠의 엇갈린 관점은 무엇을 말하는가? 시장에 유일하게 정확한 길은 없다는 사실이다. 시장에는 발견해야 하는 유일한 비법도, 유일하게 옳은 트레이딩 방법도 없다. 단 하나의 정답을 찾아 헤매는 사람들은 정답을 얻는 것은 고사하고 아직 제대로 된 질문도 하지 못하고 있다.

　시장에서 돈을 버는 방법은 무수히 많지만 불행히도 어느 것도 찾기가 쉽지 않다. 하지만 중요한 것은 성공에 이르는 방법이 많고 다양하다는 사실이다. 로저스처럼 오로지 기본적 분석만을 활용해 성공하는 트레이더도 있고 슈워츠와 같이 기술적 분석만으로 성공하는 트레이더도 있다. 두 가지 방법을 모두 활용하는 사람들도 있다. 수개월, 수년간 같은 포지션을 유지해 성공하는 사람도 있고 분 단위로 시간을 나누어 대응해 성공하는 사람도 있다.

　시장에서 성공은 단 하나의 정답을 찾아내는 것이 아니라 자신에게 맞는 방법을 찾는 데 달려 있고 그 방법은 사람마다 다르다.

Chapter 3

자신의 성격에 맞는
방법을 찾아라

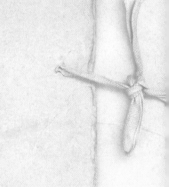

함께 시간을 보내면 저를 관찰하면서
좋은 습관을 일부 배울 수도 있겠죠.
하지만 여러 가지 면에서
저와는 다르게 하는 편이 나을 겁니다.

– 콤 오셔

성공한 트레이더들의 공통점

앞에서 우리는 트레이더로서 성공하는 유일한 방법 같은 것은 없다는 것을 알았다. 이것은 성공적인 트레이딩의 필수 요소가 무엇인지 시사한다. 이 책에서 아무것도 얻지 못하더라도 다음 한 가지 원칙만 깨닫는다면 그것만으로도 이 책을 읽은 시간은 가치가 있을 것이다.

성공한 트레이더는
자신의 성격에 맞는 방법론을 개발한다.

트레이딩에 유일한 정답은 없지만 성공하기 위해서는 자신에게 맞는 한 가지 방법, 즉 자신의 성격에 맞는 방법을 찾아야한다. 이것은 내가 인터뷰했던 성공한 트레이더들 모두에게서 발견한 공통된 특징이다. 그들은 모두 자신의 성격 및 신념과 일관된 특징이 있는 매매 스타일을 개발했다. 당연한 이야기로 들릴 수도 있다. "다들 자기 성격에 맞게 하는 것 아닌가?"라고 의아해할지도 모른다.

사실 그렇지 않다. 슈워츠는 거의 10년 동안 기본적 분석에 적응하려고 노력했지만 그의 성격에 맞지 않는 접근방식이었다. 기본적 분석으로 얻은 시장에 대한 의견은 오히려 슈워츠를 옭아맸다. 슈워츠는 그 초창기 시절을 이렇게 기억했다. "괜찮은 연봉을 꾸준히 받았지만 시장에서 늘 돈을 잃어서 빈털터리나 마찬가지였죠."

슈워츠는 기술적 분석에 집중하고 난 뒤에야 비로소 성공을 거두었다. 기술적 분석은 그에게 틀렸을 때 재빨리 빠져나올 방법을 제시했다. 손실이 발생한 매매에서 벗어나면 앞에는 늘 다른 많은 기회가 있었다. "이기는 매매가 언제나 앞에 있다는 철학 덕분에 손실을 확정하는 것도 그다지 고통스럽지 않았습니다. 실수하면 뭐 어떤가요?" 그는 자신의 성격에 제대로 맞는 방법을 찾았다. 요점은 기술적 분석이 기본적 분석보다 낫다는 것이 아니라 슈워츠에게는 기술적 분석이 더 나은 방법이었다는 것이다. 짐 로저스와 같은 트레이더들에게는 그 반대일 수도 있다.

맞지 않는 방법에 스스로를 맞추려고 노력하느라 시간과

돈을 낭비하는 사람들은 놀라울 정도로 많다. 타고난 재능으로 좋은 트레이딩 시스템을 만들고도 자유재량에 따른 판단으로 간섭하고 싶은 충동을 이기지 못해 결국 시스템을 손상시키는 트레이더도 있다. 시장의 장기적인 동향을 보는 눈을 타고났지만, 오랫동안 포지션을 유지해야 하는 지루함을 견디지 못하고 단기 매매에 집중하다 돈을 잃는 사람들도 있다. 사람들은 언제나 자신의 성격과 능력에 가장 잘 맞는 방법론에서 벗어나 헤맨다.

열정적인 매매

이제 소개할 두 사람의 차이는 각자 성격에 맞게 트레이딩을 한다는 것이 어떤 의미인지 보여준다. 먼저 살펴볼 사람은 우리 시대의 위대한 선물 트레이더 폴 튜더 존스다. 나는 1987년 10월에 주식시장이 폭락한 뒤 약 반년이 지난 시점에 존스를 만났다. 많은 사람에게 재앙과도 같았던 10월이었지만 존스는 62퍼센트라는 놀라운 수익률을 기록했다. 게다가 5년 연속 세 자릿수에 가까운 수익률을 달성해오고 있었다. '가깝다'라고 표현한 것은 99퍼센트 수익률을 기록한 해가 한 번 있었기 때문이다.

존스와 인터뷰 일정을 잡을 때 그는 장중으로 시간을 정했다. 존스가 상당히 활발하게 매매를 한다는 사실을 알았기 때문에 약간 걱정스러웠다. 아니나 다를까 안내를 받아 사무실에 들어갔을 때 그는 트레이딩 플로어와 직통으로 연결된 스피커폰에 주문을 외치고 있었다. 아직 전산 매매시스템이 도입되기 전이었고 선물은 거래소 플로어의 피트pit[4]에서 거래되었다.

나는 존스가 주문을 끝내기를 기다렸다가 말을 꺼냈다. 매매를 방해하고 싶지 않으니 모든 장이 마감한 후로 인터뷰를 미루자고 제안했다. 존스가 대답했다.

"괜찮습니다. 시작하시죠."

사무실을 가로질러 호가를 보여주는 대형 모니터 여러 대가 놓여 있었다. 질문에 답하는 동안에도 존스는 모니터에서 눈을 떼지 않았고 틈틈이 거래소로 주문을 외쳤다. 테니스 선수가 거세게 공을 맞받아치듯 열렬한 방식이었다. "원유 12월물 시장가 매수. 어서, 어서, 어서! 샀어? 대답해!" 인터뷰 내내 그는 전화를 받거나 시장 정보와 질문거리를 들고 사무실로 불쑥 찾아온 직원들과 이야기를 나누었다.

---

4. 거래소 플로어에서 특정 유형의 증권 거래가 이루어지는 구역. 거래소 회원권을 사거나 임대해 보유한 회원만 피트에서 거래가 가능하다.

65개월 동안 수익을 내다

폴 튜더 존스가 사무실에서 트레이딩을 하는 모습을 머릿속에 담아두고 이번에는 스타일이 전혀 다른 길 블레이크의 경우를 보자. 역설적이게도 블레이크가 트레이딩에 발을 들인 계기는 시장의 무작위성randomness을 입증하고 마켓 타이밍market timing 전략이 시간 낭비에 불과하다는 사실을 동료에게 직접 보여주기 위해서였다. 당시 블레이크는 한 회사의 최고재무책임자로 일하고 있었다. 어느 날 동료가 직접 분석한 내용을 보여주었다. 그는 지방채 펀드를 보유하고 있었는데 가격이 하락하기 시작할 때 다른 펀드로 갈아탔다가 오르기 시작할 때 다시 넘어오면 수익률이 더 좋지 않겠냐며 블레이크에게 조언을 구했다.

블레이크는 회의적이었다. "시장이 그런 식으로 움직이지는 않을 것 같은데. 혹시《시장 변화를 이기는 투자A Random Walk Down Wall Street》읽어 봤어? 문제는 데이터가 충분하지 않다는 거야. 더 많은 데이터가 있다면 틀림없이 장기적으로 돈을 벌 수 있는 방법이 못 된다는 사실을 알 거야."

그러나 추가 데이터를 구한 블레이크는 자신의 회의적인 시각이 정당하지 않다는 것을 발견했다. 펀드 가격에 무작위적이지 않은[5] 지속성nonrandom persistence이 있다는 증거는 분명히 있었다. 조사를 할수록 펀드 가격에서 무작위적이지 않은 패턴이 더욱 확실히 드러났다. 수익을 낼 수 있는 가격 패턴이 존재한다고 강력하게 확신한 블레이크는 리서치에 전념하기 위해 직장을 그만두었다. 블레이크는 자신의 트레이딩 경력에서 초창기 시절인 이때를 이렇게 회상했다. "실제로 지역 도서관에서 살다시피 하면서 마이크로필름 기계로 100여 개 뮤추얼 펀드의 수년 치 자료를 뽑았습니다." 블레이크는 수익을 낼 가능성이 높은 패턴들을 발견했는데 집을 담보로 추가 대출을 여러 건 받아서 트레이딩 자금을 마련했을 정도로 매력적인 패턴이었다.

블레이크는 믿을 수 없을 만큼 일관된 성과를 기록했다. 내가 블레이크를 인터뷰한 것은 그가 트레이딩을 시작한 지 12년 만이었다. 그 기간 동안 블레이크의 연평균 수익률은 45퍼센트였다. 최악의 해에도 24퍼센트 수익률을 기록했고 그 해에도 12개월 내내 이익을 냈다. 12년 동안 손실을 기록한 달은 다섯 달에 불과했다. 블레이크는 65개월 연속 수익을 올렸다.

대단한 성공을 거두었지만 운용사를 차리거나 1인 기업 이상으로 회사를 키우고 싶은 생각은 조금도 없었다. 블레이크

---

5. 즉, 예측 가능하다는 의미

는 자기 집 침실에서 트레이딩을 했다. 친구 몇 명과 가족의 계좌를 제외하고는 돈을 맡아 달라는 제의를 모두 거절했다.

존스와 블레이크의 차이

존스와 블레이크를 비교해보자. 존스가 도서관에서 몇 달동안 마이크로필름으로 가격을 들여다보고 침실에서 하루에 한 번 매매를 하는 모습을 상상할 수 있는가? 정신없이 어수선했지만 존스에게는 잘 맞았던 환경에서 블레이크가 매매하는 모습은 어떤가? 그림을 상상해보면 어딘지 어색하다. 한마디로 어울리지 않는 것이다.

존스와 블레이크가 눈부신 성공을 거둔 것은 각자 자신의 성격에 맞는 방법론을 활용한 덕분이었다. 두 사람 모두 타고난 성격과 맞지 않는 방법으로 (즉, 서로 방법을 바꿔) 접근했다면 결과는 크게 달라졌을 것이다.

이 이야기의 본질은 자신의 신념과 재능에 맞는 방법론을 찾아야 한다는 것이다. 누군가에게는 꽤 성공적인 방법이 다른 사람에게는 맞지 않는 실패하는 전략이 될 수도 있다. 글로벌 매크로 매니저 콤 오셔Colm O'Shea를 만나 트레이딩 기법을 가르쳐줄 수 있느냐고 물었을 때 그에게서 돌아온 대답은 이 개념을 알기 쉽게 설명한다.

"제 방식을 배우더라도 잘 안 될 겁니다. 제가 아니니까요. 저와 함께 시간을 보내면 저를 관찰하면서 좋은 습관을 일부 배울 수도 있겠죠. 하지만 여러 가지 면에서 저와는 다르게 하는 편이 나을 겁니다. 오랫동안 옆에서 일한 가까운 친구 하나가 지금은 다른 헤지펀드에서 많은 자금을 운용하고 있는데 수익률이 꽤 좋습니다. 그는 저와 달라요. 제가 되는 법을 배운 것이 아니거든요. 그는 다른 무언가가 되었어요. 자기 자신이 된 거죠."

자신의 성격에 맞는 트레이딩 시스템

자신의 성격에 맞는 방법을 활용하는 것이 성공적인 트레이딩의 필수 요소라는 것을 알고 나면 많은 사람들이 트레이딩 시스템을 구입해 이용하고도 돈을 잃는 이유를 이해하는 데 도움이 된다. 그 이유는 무엇일까? 시스템을 개발할 때 쓰이지 않은 데이터에는 시스템이 효과가 없기 때문일까? 지금은 그런 이야기를 하려는 것이 아니다. 실제로 대중에게 판매된 시스템 가운데 시장 대비 성과 우위를 보이는 시스템이 얼마나 되는지 그 비율을 알지는 못한다.

그러나 시스템의 지시대로 매매할 때 판매된 전체 시스템 가운데 절반이 이익을 낸다고 가정하더라도, 시스템을 구입한 사람들의 90퍼센트 이상은 돈을 잃을 것이다.

어째서일까? 모든 트레이딩 시스템은 어떤 전략을 도입하든 언젠가는 성과가 부진한 시기를 맞는다. 시스템은 트레이더 개인의 성격이나 신념과는 전혀 상관이 없다. 대부분까지는 아니어도 많은 경우 개인은 시스템의 신호를 끌어내는 것이 무엇인지 전혀 알 수 없다. 따라서 시스템이 처음으로 부진한 성과를 내는 것을 보고 나면 시스템을 계속 쓸 자신을 잃고, 결국 더 이상 활용하지 않게 되는 것이다. 시스템을 구입하는 사람들이 대체로 손실을 보는 이유가 바로 이것이다. 시스템의 성과가 부진할 때 활용을 중단하고, 시스템이 성과를 회복할 때는 그 기회를 누리지 못하는 것이다.

Chapter 4

경쟁우위를
확보하라

자금관리만으로는 충분하지 않다.

경쟁우위를 확보해야 한다.

자신만의 방법이 있어야 한다는 뜻이다.

자금관리만 잘 해서는 안 된다

"자금관리를 잘 하면 형편없는 매매기법으로도 돈을 벌 수 있다." 월스트리트에서 통용되는 이 격언을 들어본 적이 있다면 지금부터 잊어라. 이것은 트레이딩에 관한 많은 격언 중에서도 특히 바보 같은 말이다. 자금관리를 잘 해서 형편없는 매매기법이나 방법론도 구제할 수 있다고 믿는다면 카지노에 가서 룰렛 휠 앞에 선 다음 각자 최고의 자금관리 기법을 이용해 베팅하고 효과를 확인해볼 것을 권하고 싶다.

실제로 수학자 100명에게, "1,000달러가 있는데 룰렛에 베팅하려고 한다. 최적의 베팅 전략은 무엇인가?"라고 묻는다면 100명 모두 똑같은 대답을 할 것이다. 1,000달러 전부를 빨강이나 검정(또는 홀수나 짝수)에 베팅하고 룰렛 휠을 한 바퀴 돌리면 이기든 지든 결과가 나올 것이고, 그다음에는 곧장 그곳에

서 나오는 것이다. 이것이 룰렛에서 이길 가능성이 가장 높은 베팅 전략이다.[①]

물론 이길 확률은 여전히 50퍼센트 미만이다. (정확히 말하면 0이 두 개인 휠에서 47.37퍼센트이다.) 하지만 비교열위 negative edge 는 휠이 한 바퀴 돌 때 가장 작다. 더 많이 게임을 할수록, 즉 휠을 돌릴수록 패배할 확률도 높아진다. 게다가 오랫동안 게임을 한다면 수학적으로 계산할 때 패배할 것이 확실하다.

요점은 이렇다. 경쟁우위가 없다면 (즉, 비교열위에 있다면) 가진 것을 한 번에 전부 거는 것이 최선의 전략이지만 이것이야 말로 잘못된 자금관리의 전형이다. 경쟁우위 없이는 자금관리 전략도 돈을 벌어주지 못한다. 자금관리를 잘 하면 손실을 줄이고 자본을 보전하는 데 도움이 된다. 단, 경쟁우위가 있을 때만 그렇다.

자금관리만으로는 충분하지 않다. 경쟁우위를 확보해야 한다. 경쟁우위가 있다는 것은 자신만의 방법이 있다는 뜻이다.《시장의 마법사들》시리즈를 쓰며 인터뷰한 트레이더들 중에, 누구도 "화면을 주시하다 채권이 좋아 보이면 조금 삽니다."라는 식으로 말하지 않았다. 단 한 사람도 오만하고 성급한 태도로 매매에 접근하지 않았다. 모두 저마다 고유한 방법론이 있었다. 자신의 방법론을 각 단계별로 매우 구체적으로 설명할 수 있었던 사람들도 있었고 좀 더 개괄적으로 자신의 접근법을 설명한 사람들도 있었다. 어쨌든 저마다 고유한 방법론이 있다는 사실은 분명했다.

나의 방법론은 정확히 무엇인가? 이 질문에 대답할 수 없다면 시장에 돈을 걸 준비가 아직 되지 않은 것이다. 이 질문에 대답할 수 있다면, 다음 질문이 있다. "나의 매매 방법은 경쟁우위가 있는가?" 확신이 없다면 시장에 돈을 걸 준비가 되지 않은 것이다. 성공한 트레이더들은 자신의 방법론에 경쟁우위가 있다고 자신한다.

경쟁우위만으로는 부족하다

경쟁우위 없이 자금관리만 잘 해서는 충분하지 않은 것처럼 자금관리 없이 경쟁우위만 있어서도 안 된다. 둘 다 필요하다. 역대 최고 수준의 위험 대비 장기 수익률을 기록한 먼로 트라우트Monroe Trout에게 트레이딩에서 신조로 삼는 원칙이 있는지 묻자 그는 이렇게 답했다. "반드시 경쟁우위를 확보해야 합니다. 자신의 경쟁우위가 무엇인지 알아야 하죠. 엄격한 위험 통제 원칙도 마련해야 합니다. ⋯ 돈을 벌려면 경쟁우위를 확보하고, 훌륭한 자금관리 방법을 도입해야 합니다. 자금관리를 잘 한다고 경쟁우위가 높아지지는 않습니다. 자금관리 원칙이 아무리 효과적이어도 매매기법이 도움이 되지 않는다면 돈을 잃을 것입니다. 돈을 벌 수 있는 접근법이 있다면 그때는 자금관리가 성공과 실패를 판가름할 수 있습니다." 이 방정식의 '자금관리' 부분은 8장에서 다시 살펴보겠다.

Chapter 5

노력과 수고가
중요하다

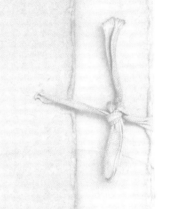

경쟁자보다 더 제대로 준비해야 한다고 늘 다짐합니다.
매일 밤 해야 할 일을 하는 것이 제 준비 방법이죠.

– 마티 슈워츠

해야 할 일을 하는 것의 중요성

어느 날 저녁, 길었던 하루의 트레이딩을 끝낸 마티 슈워츠를 인터뷰했다. 그는 다음날을 대비해 그날 시장을 분석하고 있었다. 인터뷰는 긴 시간 이어져 꽤 늦게 끝났다. 슈워츠는 눈에 띄게 피곤해했다.

그러나 아직 하루를 마감하려고 하지 않았다. 매일의 일과인 시장 분석을 마저 끝마쳐야 했다. "경쟁자보다 더 제대로 준비해야 한다고 늘 다짐합니다. 매일 밤 해야 할 일을 하는 것이 제 준비 방법이죠."

인터뷰를 하면서 위대한 트레이더들 가운데 일 중독인 사람들이 상당히 많다는 사실에 놀랐다. 제시할 수 있는 사례는 많지만 커다란 성공을 거둔 트레이더의 전형적인 특징인 뛰어난 직업윤리를 잘 보여주는 두 사람의 이야기를 소개한다.

멀티플레이어 데이비드 쇼

데이비드 쇼는 세계에서 가장 크게 성공한 퀀트quant, 계량분석 트레이딩 회사 중 한 곳인 D.E. 쇼의 설립자다. 쇼는 미국 최고의 수학자, 물리학자, 컴퓨터 과학자들을 한자리에 모아 다양한 유가증권 사이의 가격 불일치를 이용해 시장에서 꾸준한 이익을 낼 수 있는 컴퓨터 모델을 다수 개발했다. 각 모델은 서로 결합해 활용할 수 있었다.

세계 곳곳의 다양한 주요 시장에서 주식, 워런트, 옵션, 전환사채를 포함한 수천 개 금융상품을 매매하는 전략은 그 자체로 극도로 복잡하다. 이처럼 거대한 매매를 주도하는 동시에 뛰어난 퀀트 과학자들로 구성된 대규모 팀에서 진행되는 연구를 지휘하고 감독하는 것은 누가 되었든 한 개인이 맡기에는 지나치게 많은 일처럼 보인다. 그러나 데이비드 쇼에게는 그것으로도 확실히 충분하지 않았다.

쇼의 회사는 여러 회사를 키워 분사시켰는데 그중에는 주노 온라인 서비스Juno Online Services(나중에 유나이티드 온라인United Online에 합병되었다), 메릴린치Merrill Lynch에 매각한 금융기술 회사, 온라인 브로커리지 회사, 시장조성 회사 등이 있었다. 또한 쇼는 전산생화학computational biochemistry 분야에도 깊이 관여해 회사에서 진행하는 연구 및 개발에 늘 최신 지식을 반영하도록

했고 관련 회사 여러 곳에 벤처 자금을 제공했다. (결국 쇼는 전산생화학 분야에서 연구개발에 전념하기 위해 D.E. 쇼의 경영권을 경영진에게 넘겼다.) 이 밖에도 빌 클린턴 전 대통령의 과학기술 자문위원회에서 활동했고 위원회 산하 교육기술위원단을 이끌었다. 이 모든 일을 한 사람이 다 했다는 것이 어떻게 가능한지 상상하기 어려울 정도다. 휴가를 가본 적이 있느냐고 그에게 묻자 이렇게 대답했다. "별로 없습니다. 휴가를 가면 오히려 실감해요. 저는 매일 몇 시간씩은 일해야 머리가 맑아지더라고요."

하루 20시간 트레이딩을 하다

존 벤더는 뛰어난 옵션 트레이더로 조지 소로스의 퀀텀 펀드 자금과 자신의 펀드를 운용했다. 1999년 인터뷰 당시 그의 펀드는 복리 기준 연평균 수익률 33퍼센트를 기록했고 최대 드로다운은 6퍼센트에 불과했다. 이듬해(마지막 해) 그의 펀드는 269퍼센트라는 경이적인 수익률을 기록했다. 주식시장이 주요 고점을 형성할 것으로 예상하고 포지션을 취한 옵션거래에서 엄청난 수익을 거둔 덕분이었다. 벤더가 뇌동맥류를 앓으면서 펀드는 2000년에 폐쇄했다. 벤더는 그후 코스타리카에서 거대한 열대 우림 지대를 사들여 10년 동안 야생동물 보호구역을 조성했다. 양극성 장애에 시달리던 벤더는 2010년 안타깝게도 우울증 상태에서 스스로 목숨을 끊었다.[1]

트레이딩을 하는 동안 벤더는 아마도 일본 옵션시장에서 가장 활발한 매매를 했을 것이다. 그런 다음 밤을 꼬박 새우면서 유럽 옵션시장을 매매했고 늘 그렇듯이 미국 시장이 열릴 때까지 그의 하루 일과는 계속되었다. 벤더에게는 하루에 20시간을 트레이딩에 할애하는 것이 정상일 정도였다. 여기서 벤더의 사례를 소개하는 것은 어떻게 살아야 한다는 방법을 제시하려는 것이 아니다. 시장의 마법사들이 어느 정도까지 극단적으로 열심히 일했는지 실제 사례로 보여주려는 것이다.

역설

수많은 사람들이 트레이딩에 매료되는 이유는 무엇일까? 쉽게 큰돈을 벌 수 있는 것처럼 보이기 때문일 것이다. 그러나 사실을 말하자면 정말로 성공한 트레이더들은 엄청난 노력가다. 트레이딩에 성공하는 것과 열심히 일하는 것. 이 관계에 대한 인식과 현실의 괴리는 또 다른 역설로 이어진다. 제정신인 사람이라면 서점(아직 서점이 남아있다면!) 의학서적 코너로 가서 '뇌수술 기법'이라는 주제의 책을 찾아 주말 동안 공부한 다음 월요일 아침 뇌수술을 집도할 준비가 됐다고 자신하며 병원 수술실에 들어갈 생각은 하지 않을 것이다. 여기서 기능어는 '제정신'이다. 제정신이라면 누구도 하지 않을 발상이다.

반면 서점에 들어가 경제경영 코너에서 '나는 지난해 주식 시장에서 어떻게 100만 달러를 벌었나'라는 책을 골라 주말 동안 전부 읽은 다음 월요일 아침 시장의 전문가들을 이길 수 있다고 자신해도 '당연히 그럴 수 있지.'라고 수긍할 사람은 수없이 많다. 두 경우 모두 생각의 흐름은 비슷하다. 하지만 뇌수술 시나리오는 분명히 제정신이 아니라고 생각하는 반면 두 번째 시나리오는 이상할 것이 없다고 보는 사람들이 많다. 이런 이분법적 사고는 무엇 때문일까?

그러나 사실을 말하자면 정말로 성공한 트레이더들은 엄청난 노력가다.

수많은 역설 중에서 납득할 만한 설명이 가능한 유일한 역설이 바로 이것일 것이다. 트레이딩은 아무것도 모르는 완전한 아마추어가 처음부터 옳은 결정을 할 확률이 반반인 유일한 분야일 것이다. 어째서일까? **트레이딩에서 선택할 수 있는 것은 단 두 가지이기 때문이다. 사든지, 팔든지 둘 중 하나다.** 게다가 상당히 많은 사람들이 적어도 초반에는 50퍼센트가 넘는 확률로 올바른 판단을 내린다.

비유적으로 설명하면 이렇다. 사람들 1,000명이 각각 동전을 열 번 던졌을 때, 60퍼센트 이상의 확률로 앞면이 나오는 사람은 평균적으로 전체의 30퍼센트에 불과할 것이다. 이 실험에서 60퍼센트 이상 앞면이 나왔다면 그것은 타고난 기술이 있어서가 아니라 단순히 운이 좋았기 때문이다. 반면 트레이딩의 경우, 50퍼센트가 넘는 확률로 바른 판단을 내린 아마추어들은 성공의 원인을 단순한 우연이 아니라 자신의 뛰어난 의사결정 능력 덕분으로 돌린다. 순전히 운만 가지고도 단기적으로 성공하는 것이 가능하기 때문에 사람들은 트레이딩을 실제보다 훨씬 쉽게 생각한다. 트레이딩은 사람들을 스스로 뛰어난 능력이 있다고 착각하게 만든다.

다른 분야에서는 이런 오해가 있을 수 없다. 외과의사로서 훈련을 받지 않은 사람이 뇌수술에 성공할 확률은 전혀 없다. 바이올린을 연주해본 적이 없는 사람이 뉴욕 필하모닉 앞에서 성공적으로 솔로 연주할 확률은 전혀 없다. 어떤 분야에서든 훈련 받지 않은 초보자가 단기간에 성공할 확률은 전혀 없다. 유독 트레이딩만 아무것도 몰라도 단기적으로는 성공이 가능하고 바로 그 가능성이 사람들을 착각에 빠뜨린다.

Chapter 6

힘을
빼야 한다

요점은 화살이 스스로 날아가도록 하는 법을 배워야 한다는 겁니다.
… 트레이딩도 궁도와 마찬가지입니다. 수고, 억지, 중압감,
발버둥, 고된 노력이 개입된다면 잘못된 것입니다.
… 완벽한 매매일수록 굳이 힘을 들이지 않아도 되죠.

– 익명의 트레이더

준비와 실행 과정에서 발생되는 차이

제목을 읽고 이런 생각이 들 것이다. '가만, 바로 앞에서 성공적인 트레이딩은 엄청난 노력과 수고가 필요하다고 했잖아. 그런데 이제는 힘을 빼야 좋은 트레이딩이라는 거네. 하나만 선택해. 어느 쪽이지?'

준비 단계에서는 노력과 수고가 필요하다.
반면 매매를 실행할 때는 힘을 빼야 한다.

모순이 아니다. 차이는 준비와 실행 과정에 있다. 준비 단계에서는 노력과 수고가 필요하다. 반면 매매를 실행할 때는 힘을 빼야 한다. 예를 들어, 소파에서 냉장고까지 움직인 것이 가장 멀리 나선 길이라고 할 정도로 운동 부족이 심각해서 몸 상태가 엉망인 사람이 있다. 이 사람이 1마일(약 1.6킬로미터)을 10분 안에 달리려고 한다. 한편 세계 정상급 선수가 1마일당 5분 미만의 속도를 꾸준히 유지하며 마라톤 경기를 하는 것을 상상해보자. 누가 더 힘들까? 누가 더 성공할 가능성이 높을까? 몸 상태가 좋지 않은 주자가 분명히 더 힘들게 달리겠지만 성공할 가능성은 정상급 주자가 훨씬 높다. 어느 날 하루 소파에서 내려와서 잠깐 달린다고 해서 세계 수준의 기량을 가질 수는 없는 것이 당연하다. 선수는 오랫동안 열심히 훈련한다. 준비 과정에 노력과 수고가 따랐다.

하지만 성공적으로 경기를 펼치려면 실제 달리는 과정은 힘을 뺀 듯 편안해야 한다. 힘을 빼고 달릴 때 최고의 기량을 펼칠 수 있다. 노력을 요구하는 다른 많은 분야에도 같은 개념을 적용할 수 있다. 작가는 힘을 빼고 집필할 때 최고의 작품을 쓰고 음악가는 힘을 빼고 연주할 때 최고의 선율을 들려준다.

트레이딩에도 같은 원칙이 적용된다. 잘 되고 있다면 굳이 힘이 들어가지 않는다. 잘 되지 않을 때는 더 열심히 한다고 해서 억지로 바로 잡을 수 있는 것도 아니다. 유독 매매가 잘 풀리지 않고 매번 판단이 빗나갈 때는 더 열심히 해도 소용없다. 오히려 문제를 더 악화시키기만 할 뿐이다. 더 열심히 더 많은 리서치를 하는 것은 괜찮다. 무엇이 잘못되고 있는지 더 열심히 알아내는 것도 좋다.

그러나 매매를 더 열심히 해서는 안 된다. 시장과 어긋나고 있을 때는 열심히 노력할수록 문제가 악화될 가능성이 있다. 더 열심히 하는 것이 연이은 패배를 극복하는 해결책이 아니라면 진짜 해결책은 무엇일까? 다음 장에서 이 질문에 대해 생각해보자.

매매의 선禪과 기술

좋은 트레이딩에는 힘이 들어가지 않는다는 주제가 특히 두드러진 인터뷰가 있었다. 하지만 안타깝게도 어느 책에도 실을 수 없었다. 그 이유는 이렇다.

내 책에 소개된 트레이더들로부터 인터뷰 승낙을 얻어낸 방법을 궁금해하는 사람들이 종종 있다. 나는 인터뷰 대상의 염려를 누그러뜨리기 위해 몇 가지 방법을 활용하는데 그중 하나가 출판사에 최종 원고를 제출하기 전에 검토할 기회를 보장하는 것이다. 그리고 허락하지 않는 한 인터뷰를 이용하지 않겠다고 약속한다. 이렇게 확신을 주면 트레이더의 참여를 이끄는 데 도움이 되고 트레이더들도 좀 더 열린 태도로 자유롭게 질문에 대답할 수 있다.

직접 통제할 기회가 주어지지 않는다면 인터뷰가 책으로 나와 영원한 생명을 얻기 전에 현장에서 대답 하나하나를 자체 검열할 것이 분명하다. 하지만 허락 없이는 인터뷰를 게재하지 않겠다는 유용한 약속이 역효과를 낳을 때도 있다. 몇 주에 걸쳐 200쪽 분량의 원고를 25쪽 분량으로 다듬었는데 인터뷰 대상이 사용을 거절할 수도 있다. 다행히 이런 일은 단 두 번뿐이었다.

그중 한 번은 《새로운 시장의 마법사들》을 준비할 때였다. 인터뷰는 다방면에 걸쳐 진행되었고 꿈과 트레이딩, 예지력과 트레이딩, 불교의 선禪과 트레이딩 등 이야기의 범위가 상당히 이례적이었다. 원고를 완성하고 꽤 괜찮은 결과물이 나왔다고 생각했다. 합의한 대로 완성된 원고를 트레이더에게 보내고 검토와 승인을 기다렸다. 일주일쯤 지나 그에게서 전화가 왔다.

"인터뷰 내용을 읽었습니다. 꽤 흥미롭더군요. …" '하지만'이 나올 차례였다. "하지만," 그가 말을 이었다. "사용하지 말아 주십시오." 나중에 알고 보니 그는 환헤지에 관해 기업에 자문을 해주는 사업을 시작하기로 하고 서비스 개발과 판매를 담당할 사업매니저를 고용했다. 원고를 읽은 매니저는 꿈과 트레이딩, 선과 트레이딩을 다룬 부분을 읽고 회사가 추구하는 기업 이미지에 도움이 되지 않는다고 빠르게 판단했다. 사업매니저는 그에게 "절대로 안 됩니다."라고 말했고 그는 내게 "절대로 안 됩니다."라고 요구했다.

원고 전체를 날릴 수도 있는 상황에서 일부라도 건지기 위해 그를 설득했다. "굉장히 중요한 메시지를 담고 있다고 생각되는 부분이 있는데 그 내용은 잃고 싶지 않습니다. 그 부분만 쓸 수 있게 해주세요. 익명으로 처리하겠습니다." 그의 동의를 얻었다. 이렇게 해서 2쪽 분량의 인터뷰를 '매매의 선과 기술'이라는 제목으로《새로운 시장의 마법사들》에 실을 수 있었다. 이 인터뷰에서 트레이더는 내게 이렇게 묻는다.

《궁도의 선과 기술Zen and the Art of Archery》이라는 책을 읽어보셨습니까?" "아뇨. 아직 기회가 없었습니다."

그는 내 형식적인 대답을 무시하고 진지하게 말을 이어갔다. "요점은 화살이 스스로 날아가도록 하는 법을 배워야 한다는 겁니다. … 트레이딩도 궁도와 마찬가지입니다. 수고, 억지, 중압감, 발버둥, 고된 노력이 개입된다면 잘못된 것입니다. … 완벽한 매매일수록 굳이 힘을 들이지 않아도 되죠."

트레이더라면 한 마디, 한 마디가 진리로 다가올 것이다.

Chapter 7

최악의 시간,
최고의 시간

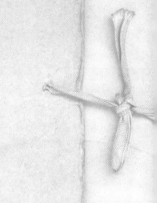

손실이 이어질 때 가장 좋은 해결책은 더욱 열심히
노력하는 것이 아니라 아무것도 하지 않는 것이다.

제대로 되는 일이 없을 때

그렇다. 좋은 트레이딩에는 힘이 들어가지 않는다. 하지만 어려운 시기가 길어진다면 어떻게 할 것인가? 하는 일마다 꼬이고 평가금액 손실이 점점 심각해진다면? 이 문제는 인터뷰에서도 여러 차례 다루었다. 위대한 트레이더들도 손실이 발생하는 시기에는 사기가 꺾일 수 있다. 이런 어려운 시기를 극복하는 방법에 관한 시장의 마법사들의 조언은 꽤 일관적이었는데 기본적으로 다음 두 가지를 제안했다.

1. 규모를 줄인다

폴 튜더 존스는 이렇게 말했다. "트레이딩이 잘 풀리지 않을 때는 포지션 규모를 계속 줄입니다. 최악의 상황을 맞더라도 가장 작은 포지션을 보유한 상태가 되는 거죠."

컴퓨터시스템을 활용한 선물거래의 선구자로 엄청난 누적 수익률을 기록한 에드 세이코타Ed Seykota에게 제시 리버모어Jesse Livermore의 불행을 되풀이하지 않도록 몇백만 달러쯤은 미리 이익을 실현해두었는지 물었을 때, 그의 대답도 비슷했다. (리버모어는 20세기 초 투기적 매매로 큰돈을 벌었지만 모두 날렸다.) 세이코타는 더 나은 대안이 있다고 대답했다. "평가금액 손실이 확대되는 동안에는 위험을 계속해서 줄여나갑니다. 그렇게 하면 세이프 머니safe money⁶를 지킬 수 있고 재정적으로나 감정적으로 연착륙이 가능합니다."

마티 슈워츠는 손실을 입고 자신감이 흔들릴 때 매매 규모를 평소의 5분의 1 또는 10분의 1 수준으로 줄인다. "치명적인 손실이 발생하면 그 다음에는 항상 아주 작은 규모로 매매하되 다시 이익을 내고, 또 이익을 내려고 노력했습니다. ⋯ 그 방법이 통했죠." 슈워츠는 1982년 11월 4일 하루 동안 자신의 계좌에서 비정상적으로 큰 60만 달러 손실을 기록했지만, 그 후 매매 규모를 대폭 줄이고 작은 이익을 여러 차례 내는 방식으로 대응해 결국 총 손실을 5만 7,000달러로 축소하고 그 달을 마무리할 수 있었다고 회상했다.

랜디 맥케이는 2,000달러로 시작해 원금과 이익을 재투자

---

6. 흔히 '최후의 보루'와 같은 의미로 절대 잃어서는 안 되는 돈을 가리킨다.

하는 방식으로 인터뷰 시점 기준 20년 만에 수천만 달러에 달하는 이익을 거두었다. 그는 손실이 발생하면 극단적으로 포지션 규모를 축소했다. "손실이 발생하는 동안에는 매매 규모를 계속해서 줄입니다. 한 번에 3,000계약까지 거래한 적도 있지만 잘 안 될 때는 10계약 정도만 매매하고 나중에 다시 원래대로 돌아오는 거죠." 그는 이처럼 과감하게 포지션 규모에 변화를 준 것이 성공의 핵심 요인이었다고 꼽았다.

2. 매매를 중단한다

매매 규모를 줄이는 것만으로는 부족하고 아예 매매를 중단하는 것이 하향 곡선을 벗어나는 최선의 방법일 때가 있다. 마이클 마커스는 이렇게 설명했다. "손실은 결국 손실을 낳습니다. 손실이 발생하기 시작하면 심리적으로 부정적인 요인을 자극하고 생각이 비관적으로 흐르죠. … 저는 손실이 이어질 때면 '더 이상 매매하면 안 돼.'라고 스스로를 제어했습니다."

400달러로 트레이딩을 시작해 인터뷰 당시 기준 약 2억 달러 수준(추정)으로 자산을 불린 리처드 데니스Richard Dennis도 비슷한 의견이었다. 그는 손실이 어느 수준을 넘어서면 판단에 악영향을 미친다고 생각했다. 그는 직설적으로 조언했다. "심하게 두들겨 맞았을 때는 일단 정신부터 차리고 봐야죠."

손실이 이어질 때 가장 좋은 해결책은 더욱 열심히 노력하는 것이 아니라 아무것도 하지 않는 것이다. 모든 포지션을 청산하거나 손절 주문으로 보호 장치를 마련해두고 휴식을 취하거나 휴가를 떠난다. 시장과 물리적으로 단절해 하락 추세를 끊고, 계속되는 손실로 인한 자신감 상실도 막을 수 있는 방법이다. 시장에 돌아오면 편안한 마음으로 작게 시작하고 다시 힘들이지 않고 매매를 할 수 있게 되었을 때 서서히 규모를 늘려나간다.

손실이 계속된다는 사실을 알면서도 감당이 가능한 수준을 훨씬 넘어설 때까지 문제의 심각성을 깨닫지 못할 수도 있다. 아무 조치도 취하지 않은 채 손실이 불어나도록 방치하다 평가금액 손실이 엄청나다는 것을 깨닫고 그때서야 충격을 받는 것이다. **매일 평가금액을 점검하면 심각한 타격을 입기 전에 제때, 빠르게 손실을 알아차릴 수 있다.** 마커스는 이렇게 조언했다. "평가금액이 줄어드는 추세라면 매매 규모를 줄이고 재평가하라는 신호입니다."

모든 일이 잘 풀릴 때

손실이 지속되는 시기가 있는가 하면 모든 일이 믿을 수 없을 만큼 잘 풀리는 시기도 있다. 이상하게 들리겠지만 이런 시기에도 매매 규모를 줄이는 것을 고려해야 한다. 마티 슈워츠는 커다란 손실이 발생한 다음과 마찬가지로 이런 경우에도 매매 규모를 줄인다. 그는 이렇게 강조했다. "제 경우 가장 큰 손실은 언제나 가장 큰 이익 뒤에 왔습니다."

틀림없이 많은 트레이더가 비슷한 경험을 해왔을 것이다. 최악의 드로다운은 모든 것이 완벽하게 작동하는 것처럼 보이는 시기 뒤에 발생한다. 최악의 손실이 대개 최고의 이익 뒤에 발생하는 이유는 무엇일까? 이익이 계속되면 현재 상태에 안주하게 되고, 안주하면 매매를 대충하게 되는 것도 한 가지 이유일 것이다. 강력한 이익이 발생하는 동안 트레이더는 무엇이 잘못될 수 있고 최악의 시나리오는 무엇인지 거의 고려하지 않을 가능성이 크다. 또한 슈워츠는 수익률이 뛰어난 기간일수록 위험 노출이 큰 시기일 가능성이 높은 것도 이유라고 설명한다.

교훈은 이렇다. 포트폴리오 수익률이 거의 매일 최고치를 경신하고 사실상 모든 일이 잘 풀리기만 한다면, 주의하라! 이때야말로 안일함을 경계하고 각별한 주의를 기울일 때다.

2부

성공한 트레이더는 무엇이 다를까?

Chapter 8

위험 관리
원칙

돈을 버는 데 집중하지 말고 가진 것을
지키는 데 집중해야 한다.

- 폴 튜더 존스

매매보다 중요한 것

일반 트레이더들에게 도움이 될 가장 중요하다고 생각하는 조언을 부탁하자 폴 튜더 존스는 이렇게 답했다. "돈을 버는 데 집중하지 말고 가진 것을 지키는 데 집중해야 합니다."

초보 트레이더들은 대체로 어떤 매매에 어떻게 진입하는지가 성공의 관건이라고 생각한다. 하지만 마법사들을 인터뷰한 결과 대부분 매매 대상을 선택하는 방법론보다 자금관리(즉, 위험통제)가 성공에 더욱 중요하다고 입을 모았다. 보통 수준의 (즉, 무작위보다는 약간 나은) 진입 방법과 괜찮은 자금관리로 꽤 좋은 성과를 낼 수 있지만, 뛰어난 진입 방법과 형편없는 자금관리가 결합한다면 파산할 가능성이 높다. 안타까운 현실이지만 대다수 초보 트레이더가 자금관리에 쏟는 관심은 그 중요도와 반비례한다.

돈을 버는 데 집중하지 말고 가진 것을
지키는 데 집중해야 한다.
- 폴 튜더 존스

항복을 선언할 지점과 코브너의 금언

시장의 마법사들이 어떤 방식으로 위험을 통제하는지 안다면 도움이 될 것이다. 마티 슈워츠는 이해하기 쉽도록 위험 통제를 더없이 단순하게 설명한다. "'삼촌!'이라고 외칠 때를 알아야죠." 지금도 이런 표현을 쓰는지 모르겠지만 슈워츠와 내가 어렸을 때는 "삼촌이라고 불러!"라고 하면 고통을 멈춰줄 테니 이만 항복하라는 뜻이었다. 서로 다투다가 한 아이가 다른 아이를 팔로 가둬 꼼짝 못 하게 만들었을 때, "삼촌!"이라고 부르면 항복한다는 신호가 되는 것이다. 즉, 슈워츠의 말은 어느 정도까지 고통이 커지면 시장에 항복할 것인지, 그 지점을 포지션을 취하기 전에 미리 생각해두어야 한다는 뜻이다.

캑스턴 어소시에이츠Caxton Associates를 설립한 브루스 코브너 Bruce Kovner는 역대 최고의 글로벌 매크로 트레이더 가운데 한 사람이다. 인터뷰 당시 그는 10년 동안 연평균 87퍼센트라는 놀라운 복리 수익률을 달성했다. 이처럼 높은 수익률을 유지한다는 것은 불가능해 보이는 일이지만 그는 2011년 은퇴하기 전까지 수십 년 동안 꾸준한 성과를 거두었다. 초창기에 무모한 판단으로 단 하루 만에 누적 수익의 절반을 날린 코브너는 그 충격으로 평생 위험 통제를 중요하게 여겼다. (자세한 내용은 17장에서 소개하겠다.)

코브너의 핵심 자금관리 원칙 중 하나는 일단 자신의 아이디어가 옳다고 가정했을 때 시장이 향해서는 안 될 방향을 생각해두고 다음으로 그 판단을 근거로 포지션을 청산할 지점을 진입 전에 미리 정해두는 것이었다. "그래야만 밤에 잠을 잘 수 있어요. 들어가기 전에 나올 지점을 정해두는 거죠." 들어가기 전에 나올 지점을 미리 정해두는 것이 중요한 이유는 무엇일까? 그때가 **매매에 진입하기 전에 완전히 객관적일 수 있는 마지막 순간이기 때문이다.** 일단 포지션에 진입한 뒤에는 객관성을 잃게 되고 손실이 발생하는 포지션을 합리화하면서 탈출을 미루기 쉽다. 코브너는 매매에 진입하기 전에 손실을 제한하는 청산 시점을 미리 결정함으로써 위험통제 전략에 규율을 도입하고 자금관리에서 감정적 요소를 제거한다.

> 들어가기 전에 나올 지점을 정한다.
> – 브루스 코브너

개인적인 이야기를 하자면 내 트레이딩 성과를 순손실에서 순이익으로 전환시킨 계기가 된 매매의 중심에는 들어가기 전에 나갈 곳을 정해두어야 한다는 코브너의 원칙이 있었다. 역설적이게도 내게 역대 최고 중 하나로 남을 이 매매에서 나는 손실을 보고 있었다. 이미 그전에도 여러 차례 매매를 했지만 매번 작은 규모로 시작해서 모두 날리고(대개 하나의 포지션에서 발생한 손실이 걷잡을 수 없이 커지도록 내버려 둔 탓이었다.) 한동안 쉬었다가 또 다른 매매를 시도하는 식이었다.

모든 것을 바꿔놓은 이 매매는 유로화 출범 이전 유럽의 기준 통화였던 독일 마르크화와 관련이 있다. 독일 마르크화는 오랜 약세 후 장기간 박스권에서 거래되고 있었다. 나는 직접 분석한 정보를 근거로 독일 마르크화가 의미 있는 가격 기반을 다지고 있는 중이라고 믿었다. 나는 마르크화가 박스권을 상향 돌파할 것이라고 기대하고 박스권 안에서 매수포지션을 구축했다. 동시에 매도가격 역지정sell stop[7] 주문을 보합권 consolidation의 저점 바로 아래 가격에 취소시한유효주문GTC:good-till-canceled[8]으로 넣어두었다. 내 분석이 옳다면 시장이 새로운 저점을 형성하지는 않을 것이라고 판단했다. 하지만 며칠 후 시장은 하락하기 시작했고 내 포지션은 작은 손실을 남기고 강

7.   미리 지정한 가격 이하로 내려갈 때만 실행되는 매도 주문이다. 기존의 이익을 보호하거나 손실을 줄이기 위한 목적의 주문.

8.   취소나 체결되기 전까지 유효한 주문.

제청산_{Stop out}되었다. 강제청산 뒤 시장의 하락세는 급격히 빨라졌다. 만일 예전 방식대로 매매를 했다면 포지션이 아니라 계좌 전체가 사라졌을 것이다. 대신 이때는 약간의 손실만 발생했다.

가장 중요하다고 생각하는 트레이딩 조언을 열 자 내외로 소개하라고 한다면, '들어가기 전에 나올 지점을 정하라'는 코브너의 금언이 답이 될 것이다.

손절, 이렇게 하면 안 된다

슈워츠와 코브너가 이용한 프로텍티브 스톱_{protective stop}, 즉 손실을 제한하기 위해 미리 청산 지점을 지정하는 주문은 매우 효과적인 위험관리 수단이다. 그러나 많은 트레이더가 잘못된 방향으로 접근한 결과 스톱 주문으로 인해 상황이 더 악화되는 경우도 있다. 헤지펀드 매니저로 성공한 콤 오셔는 런던에 본사를 둔 코맥 캐피털 LLP_{COMAC Capital LLP}을 설립하기 전 시티그룹, 발야스니 에셋 매니지먼트_{Balyasny Asset Management}, 조지 소로스의 펀드 자금을 운용했다. 오셔는 문제가 있었던 스톱 주문이 그의 첫 번째 트레이딩을 어떻게 망쳤는지 들려주었다.

시티그룹에 트레이더로 채용된 오셔는 영국 경제에 대한 기본적 분석을 근거로 선도금리 시장 가격에 반영된 금리 인상은 없을 것이라고 판단했다. 예측은 정확했다. 석 달이 지난 뒤에도 금리는 인상되지 않았고 단기금리선물 가격은 100포인트 상승했다. 비록 예측은 정확했지만 오셔는 손실을 입었다. 올바른 예측에도 불구하고 어째서 손실이 발생했을까?

금리에 대한 장기적 전망은 옳았지만 단기적으로 위험을 제한하며 매매를 한 것이 문제였다. 손실이 너무 두려운 나머지 가격이 조금만 불리하게 움직여도 매번 손절 주문으로 포지션을 정리한 것이었다.

오셔는 이 첫 번째 매매를 계기로 충분한 위험을 기꺼이 감수해야 제대로 된 매매를 할 수 있다는 것을 배웠다. 오셔는 손절 지점을 설정하는 방법을 설명하면서 자신이 추천하는 접근 방법과 많은 트레이더들의 실제 매매 방법의 차이를 비교했다. "먼저, 어디서 잘못됐는지 판단해야 합니다. 이것이 손절 지점을 결정합니다. 그런 다음 기꺼이 감수할 수 있는 손실 금액을 계산합니다. 마지막으로, 감수할 수 있는 총 손실을 손절 지점 기준 계약당 손실로 나누어 포지션의 크기를 결정합니다. 일반적으로 가장 흔히 저지르는 실수는 이 절차를 거꾸로 밟는다는 것입니다. 가장 먼저 포지션의 크기를 결정합니다. 그런 다음 고통의 임계점을 찾고 다음으로 손절 지점을 결정하는 거죠."

손절 가격을 너무 촘촘하게 설정하면 여러 차례 손실을 실현할 가능성이 높다. 오서는 이런 매매를 하는 트레이더들을 이렇게 평가했다. "손절 가격에 도달했으니 빠져나갈 겁니다. 훈련이 잘되어 있는 거죠. 하지만 머지않아 다시 돌아오고 싶어 합니다. 자신이 틀렸다고 생각하지 않기 때문이죠. 나스닥에서 단타 매매를 하던 사람들이 바로 이런 식으로 매매를 해서 2000년과 2001년에 막대한 손실을 입었습니다. 훈련이 잘되어 있는 만큼 장 마감 전에 포지션을 청산했습니다. 하지만 같은 실수를 계속 반복하고 있었죠."

오서가 말하려는 본질은 '고통을 감수할 수 있는 지점'이 아니라 '자신의 전제가 틀렸다는 것이 입증되는 지점'에 손절 가격을 설정해야 한다는 것이다. 시장은 우리 고통의 임계점에는 관심이 없다.

손절 대신 옵션①

손절은 상당히 유용한 위험관리 수단이 될 수 있지만 한 가지 단점이 있다. 일단 손절 주문이 활성화된 뒤 상황이 역전될 경우, 손절 주문을 내지 않았다면 이익이 발생했을 포지션에서 손실을 확정하게 된다는 점이다. 옵션은 이처럼 안타까운 시나리오를 미리 일정한 고정 비용을 지불하고 피할 수 있는 또 다른 위험관리 수단이다.

예를 들어, 24달러에 거래되고 있는 주식 XYZ를 사고 싶고 최대 2달러의 손실을 감수할 용의가 있는 트레이더가 있다. 간단하게 접근하면 이 주식을 매수해서 22달러에 프로텍티브 스톱 주문이 활성화되도록 하면 된다. (물론 22달러보다 낮은 가격에 주문이 체결되면 손실은 2달러보다 클 수 있다.) 만일 주가가 21.80달러까지 하락했다가 30달러로 반등한다면 애초에 주가의 방향을 제대로 예측했음에도 불구하고 이 트레이더에게는 주당 약 2달러의 손실이 발생한다.

손절 주문에 대한 대안으로, XYZ 주식을 기초자산으로 하는 1년 만기 콜옵션을 22달러에 살 수 있다. 이 예시에서, 옵션 프리미엄을 3달러(즉, 주가 24달러와 행사가격 22달러의 차이인 내가격의 크기 2달러보다 1달러 높은 가격)라고 가정한다. 만일 주가가 22달러 아래로 내려가고 옵션 만기 시점에도 여전히 22달러 아래 머물러 있다면, 주가가 얼마나 더 하락하든 이 트레이더의 손실은 옵션을 매수할 때 지불한 프리미엄 3달러로 제한된다.

한편, 주가가 22달러 아래로 내려간 뒤 옵션 만기 시점에 30달러로 반등한다면 주당 5달러 이익(만기 시점 주가 30달러와 옵션 행사가격 22달러의 차액에서 옵션 프리미엄으로 지불한 3달러 차감)이 발생한다.

주가가 하락 후 반등하는 상황을 가정한 이 시나리오에서 손절 주문을 설정한 사람은 주당 2달러 손실을 인식하는 반면,

옵션을 매수한 사람은 주당 5달러 이익을 인식한다. (주가 순상 승분 6달러보다 1달러 적다.) 물론 주가가 손절 가격에 아예 도달 하지 않는다면 손절 주문을 설정한 사람은 옵션 트레이더보다 주당 1달러를 더 벌었을 것이다. (옵션 프리미엄 3달러, 내가격 크기 2달러를 감안하면 직접 매수포지션의 이익과 늘 1달러 차이가 발생한다.) 내가격 옵션은 직접적인 매수포지션에 비해 현금 지출이 더 적다는 것도 추가적인 장점이다.

그렇다면 손절 주문이나 내가격 옵션 가운데 어느 쪽이 포 지션의 위험을 통제하기에 더 좋을까? 답은 개인의 선호도, 옵 션의 유동성 그리고 매매 시점에서 옵션의 상대적인 가격 수 준에 따라 다르다. 여기서 우리가 주목할 것은 특정한 상황과 트레이더에게는 내가격 옵션이 손절 주문보다 더 매력적인 위 험관리 수단이 될 수 있고, 따라서 직접적인 프로텍티브 스톱 포지션에 대한 대안으로써 고려되어야 한다는 것이다.

포트폴리오 위험관리

마이클 플랫Michael Platt이 운용하는 멀티매니저 펀드multiman-ager fund9는 블루크레스트BlueCrest의 대표 펀드다. 이 펀드는 손

---

9. 전문 펀드 여러 개를 하위펀드로 운용하는 펀드

실을 크게 제한하도록 설계되었는데 13년 동안 (모든 수수료 차감 후) 12퍼센트가 넘는 연평균 수익률을 기록했다.[2] 같은 기간 동안 드로다운은 5퍼센트 미만으로 유지했다. 블루크레스트가 최대 드로다운 비율을 낮게 유지하면서 장기간에 걸쳐 두 자리 수 수익률을 올릴 수 있었던 비결은 무엇일까?

무엇보다 각 펀드의 매니저에게 허용되는 손실을 엄격히 제한하는 포트폴리오 위험관리 전략이 중요했다. 각 펀드의 매니저는 손실이 3퍼센트가 되면 연초에 할당된 자본금에서 절반을 반납한다. 남은 자산에서 또다시 3퍼센트 손실이 발생하면 그해 할당된 자본금 전체를 돌려줘야 하는 셈이다. 이처럼 엄격한 위험관리 규정을 적용하는 것은 각 매니저의 연간 최대손실을 5퍼센트 미만으로 유지하기 위한 것이다. (두 번째 3퍼센트 손실은 자산의 50퍼센트에서 발생한 것이기 때문에 연달아 발생한 3퍼센트 손실 두 번을 합하면 총 손실은 5퍼센트 미만이 된다.)

최대 허용 손실을 이처럼 엄격하게 통제하면 수익률도 크게 위축될 것이라고 생각할 수 있다. 이 펀드는 어떻게 해서 전체 기간 동안 드로다운 비율의 두 배 반에 달하는 연평균 수익률을 달성할 수 있었을까? 핵심은 '3퍼센트', 3퍼센트 위험 규칙을 각 매니저의 그 해 첫 투자에만 적용하는 것이다. 매니저들은 이 위험관리 원칙에 따라 초반에는 투자에 각별히 신중을 기하고, 완충 작용을 할 이익을 키워가면서 감수하는 위험의 크기를 점차 늘려간다.

사실상 각 매니저는 자신이 운용하는 하위펀드에서 첫 3퍼센트 손실 위험과 그해 누적된 이익을 잃을 위험을 부담한다. 이 구조는 자본의 보전을 보장하는 동시에 이익이 늘수록 위험 부담도 늘려가는 방식으로 상승 잠재력을 무한히 열어둔다.

일반 트레이더들도 블루크레스트의 위험관리 방법을 참고해 미리 설정한 최대치로 연간 손실을 제한하는 동시에 이익의 성장 잠재력을 키울 수 있을 것이다. 트레이더는 자신에게 적절한 수준의 손실을 직접 설정해 매매를 중지하고 위험 노출을 줄이는 기준으로 삼을 수 있다.

틀렸다면 신속하게 벗어나라

시장의 마법사들은 틀렸을 때 재빨리 빠져나오는 능력이 있다. SAC캐피털SAC Capital 설립자이자 세계에서 가장 성공한 트레이더 중 한 사람인 스티브 코헨③Steve Cohen은 인터뷰에서 자신이 완전히 틀렸던 매매에 대해 언급했다. "어느 회사의 주식을 169달러에 공매도 했습니다. 그 후 실적이 발표됐는데 경이로운 수준이었죠. 시장의 예상을 크게 상회했습니다. 저는 장 마감 후 거래를 이용해 훨씬 더 높은 가격인 187달러에 반대매매로 포지션을 청산했습니다. 뜻대로 되지 않았으니까요. 다음날 회사 주식은 197달러로 출발했습니다. 전날 밤 시간 외 거래로 포지션을 청산한 것이 다행이었죠."

코헨에게 틀렸다고 판단되면 언제든 즉시 방향 전환이 가능했는지 물었다. 코헨은 이렇게 대답했다. "그렇게 할 수 있어야 합니다. 트레이딩이 '퍼펙트 게임perfect game[10]'일 필요는 없습니다. 저는 회사 트레이더들의 실적을 통계로 관리합니다. 가장 뛰어난 트레이더도 이익을 내는 매매는 전체의 63퍼센트에 불과합니다. 대부분은 50~55퍼센트 수준이죠. 틀릴 확률이 상당히 높다는 뜻입니다. 그렇다면 손실은 가능한 한 줄이고 이익을 더 키워야겠죠."

트레이더의 딜레마

트레이더라면 대부분 한 번쯤은 직면한 공통적인 딜레마가 있다. 포지션은 불리한 상황이지만 여전히 확신은 있는 경우다. 손실을 늘리기는 싫지만 포지션을 정리하자마자 이미 청산한 포지션에 유리한 방향으로 시장이 반전될까 봐 염려하는 것이다. 이런 갈등을 겪으면 트레이더는 꼼짝하지 못하고, 손실이 확대되는 것을 보고도 아무것도 할 수 없게 된다. 스티브

10.　야구에서 선발 등판한 투수 한 명이 상대편 타자를 단 한 명도 출루시키지 않고 이기는 경기이다.

코헨에게는 이런 상황에 대응하는 유용한 방법이 있었다. "시장이 불리하게 움직이는데 원인을 모른다면 포지션을 절반만 남깁니다. 언제든 다시 진입할 수 있으니까요. 이 과정을 두 번 거치면 원래 포지션에서 4분의 3이 줄어듭니다. 그러면 남은 포지션은 큰 문제가 되지 않죠."

부분적으로 손실을 실현하는 것은 전체 포지션을 청산하는 것보다 훨씬 쉬운데다 미루지 않고 행동에 나서는 방법이다. 하지만 트레이더들은 대체로 부분 청산이라는 개념에 거부감이 들 것이다. 어째서일까? 부분 청산은 잘못된 판단을 전제로 하기 때문이다. 즉, 나중에 시장이 반전한다면 전혀 청산하지 말았어야 옳고, 계속해서 불리하게 움직인다면 전체 포지션을 청산했어야 옳다. 어떻게 되더라도 부분적으로는 틀린 판단일 수밖에 없는 것이다.

많은 사람이 100퍼센트 옳아야 한다는 생각 때문에 부분 청산을 고려하지 않는다. 많은 사람이 100퍼센트 옳은 판단을 하려고 시도하다 100퍼센트 틀리는 것이 안타까운 현실이다. 언젠가 매수포지션을 청산해야 할지 아니면 이를 악물고 버텨야 할지 결심이 서지 않을 때는 제3의 선택지, 부분 청산이 있다는 사실을 기억하라. 부분 청산은 코헨이 강조하듯 하나의 포지션에서 여러 차례 활용할 수 있는 대안이다.

의구심이 들 때는 포지션을 청산하고 숙면을 취한다. 여러 번 이 방법을 썼는데 그때마다 다음날 모든 것이 분명해졌다. … 포지션을 보유한 동안에는 생각을 한다는 것이 불가능하다. 포지션을 정리하고 나오면 비로소 생각이 명료해진다.
 – 마이클 마커스

마이클 마커스는 포지션을 어떻게 처리할지 몰라 혼란스럽다면 포지션을 청산하는 것이 생각을 명료하게 하는 가장 좋은 방법이라고 조언한다. 포지션을 보유한 동안에는 생각을 한다는 것이 불가능해요. "포지션을 정리하고 나오면 비로소 생각이 명료해집니다." 포지션을 취하지 않았을 때 생각이 가장 명료해진다는 마커스의 경험은 트레이딩에 진입하기 전에 출구를 정해야 한다는 브루스 코브너의 논리와도 통한다.

대형 손실을 피해야 하는 또 다른 이유

손실을 불필요하게 키웠을 때 발생하는 직접적인 부작용은 분명하다. 한편 확연히 드러나지는 않지만 대규모 손실은 자본을 크게 훼손할 수 있는 또 다른 문제를 낳는다. 바로 트레이더를 정신적으로 흔들어서 좋은 기회를 놓치도록 만드는 것이다. 마이클 플랫은 커다란 손실의 여파를 흥미롭게 설명했다.

"스스로 바보처럼 느껴져서 다른 매매에 나설 기분이 아니죠. 이렇게 총을 장전하지 않은 상태에서 코끼리가 지나갑니다. 놀랍게도 이런 상황이 짜증날 정도로 자주 있어요. 트레이딩은 좋은 기회가 나타났을 때 현장에 있어야 하는 게임입니다. 인생의 80 대 20 법칙[11]은 트레이딩에도 적용됩니다. 트레이딩에서 수익의 80퍼센트는 자신이 생각한 전체 아이디어 가운데 20퍼센트에서 발생합니다."

복잡할 필요는 없다

자금관리가 복잡할 필요는 없다. 자금관리라는 단 하나의 주제만을 온전히 다룬 책도 많지만 단 한 문장으로 요약될 만큼 간단한 규칙만으로도 충분히 방법을 제시할 수 있을 것이다.

래리 하이트Larry Hite는 1980년대 큰 성공을 거둔 대형 상품 트레이딩 자문사 민트 인베스트먼트Mint Investment의 공동 창업자다. 회사의 전략에서 가장 중요한 요소가 무엇인지 묻는 말에 대한 그의 대답은 매우 분명했다. "민트에서 첫 번째 규칙은 어떤 매매에서든 전체 자기자본의 1퍼센트 이상을 위험에 노출하지 말라는 것입니다." 효과적인 자금관리를 한 문장으

---

11. 파레토의 법칙.

로 정리한다면 바로 이것이 답이 될 것이다. 하이트는 이렇게 설명했다. "단 1퍼센트만 위험에 노출했기 때문에 매매 하나 하나에 담담할 수 있죠." 이것은 단 한 번의 잘못된 매매로 인한 커다란 피해를 예방하는 단순한 원칙이다.

매매로 돈을 잃는 것을 막을 수는 없겠지만, 이 원칙을 따른다면 단 하나, 혹은 일부 잘못된 매매에서 발생한 손실이 무한대로 누적되도록 방치하다 트레이딩이라는 게임에서 나가떨어지는 일은 없을 것이다. 실제로 많은 트레이더들이 이처럼 고통스러운 경험을 한다. 효과적인 방법론으로 진입한 사람들도 예외가 아니다.

위험 노출을 반드시 1퍼센트로 제한해야 하는 것은 아니다. 0.5퍼센트도 좋고 2퍼센트가 될 수도 있다. 자신의 전략에 가장 적합한 비율을 선택하면 된다. **핵심은 각각의 매매에 손실을 엄격히 제한하는 것이다.**

효과적인 자금관리에서 중요한 것은 그 방법이 얼마나 정교하고 복잡한지가 아니라 자기 규율이다. 아무리 단순한 위험통제 원칙이라도 자기 규율이 엄격히 작동하는 한 효과를 발휘할 것이다.

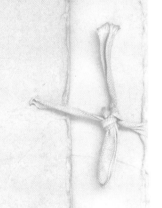

한순간도
방심해서는 안 된다

시장에서 상처를 입으면 곧바로 빠져나온다. 가격은 중요하지 않다.
즉시 시장을 벗어난다. 일단 상처를 입으면 그 후의 의사결정은
일이 잘 풀릴 때보다 객관성이 훨씬 떨어진다.

– 랜디 맥케이

자기 규율의 필요성

시장의 마법사들에게 대다수 트레이더들과 차별화된 점을 물었을 때, 가장 자주 돌아온 대답은 '자기 규율'이었다. 트레이딩에서 자기 규율의 필요성은 이미 충분히 자주 접한 조언인 만큼 단순히 다시 언급하는 데 그친다면 관심을 끌기 어려울 것이다. 원칙은 지루하고 금세 잊히지만 이야기는 흥미롭고 쉽게 기억된다. 그래서 나는 트레이딩에 자기 규율이 필요하다는 원칙을 반복해서 언급하는 대신 자기 규율에 관한 이야기를 소개하려고 한다. 언젠가 독자 여러분이 시장에서 자기 규율을 잃을 위기에 처한다면 이 이야기를 떠올려주기를 바란다.

자기 규율에 관한 인터뷰에서 내가 가장 좋아하는 것은 통화선물거래가 탄생과 함께 트레이딩 경력을 시작해 큰 성공을 거둔 자유재량적 트레이더discretionary trader[12] 랜디 맥케이Landy McKay의 이야기이다.

맥케이의 일탈

맥케이의 경력은 출발부터 꽤나 불길했다. 1968년, 그는 출석 부족으로 여섯 개 과목에서 낙제 점수인 F학점을 받고 성적 불량으로 대학에서 퇴학당했다. 1968년 베트남 전쟁은 절정으로 치달았고 더 이상 학업을 이유로 입대를 연기할 수 없게 된 맥케이는 해병대에 징집되었다. (해병대는 보통 징집을 하지 않지만 1968년에는 두 달간 일부 병사를 징집했다.) 1970년 베트남에서 돌아온 맥케이는 시카고상업거래소에서 브로커로 일하던 형의 주선으로 플로어 러너floor runner[13]로 일할 수 있었다. 오전 동안 근무를 마치고 늦은 오후부터 저녁까지 학교 수업을 들을 수 있는 일자리였다.

맥케이는 트레이더가 될 생각은 전혀 없었다. 그러나 1972년 대학을 졸업할 때, 시카고상업거래소는 통화를 거래하는 국제통화시장IMM: International Monetary Market을 창설했다. 거래소는 새로운 통화선물 계약 매매를 창출하기 위해 기존 회원들에게

---

12. 현재 상황에 대한 직관과 주관적 판단을 근거로 의사결정을 내리는 트레이더를 말한다.
13. 매매 주문을 플로어 트레이더에게 전달하는 역할을 한다.

국제통화시장 회원권을 무료로 나눠주었다. 회원권이 필요 없었던 맥케이의 형이 그에게 회원권을 쓰겠느냐고 물었다. 통화선물 거래 첫해에는 거래가 뜸해서 통화 피트의 플로어 트레이더들은 매매를 하기보다는 체스를 두거나 주사위 놀이로 더 많은 시간을 보냈다. 맥케이는 트레이딩에서 재능을 발견했다. 첫해부터 성공을 거두었고 그 후 해마다 더 많은 돈을 벌었다.

전체적인 맥락에 대한 이해를 돕기 위해 이야기하면, 맥케이는 자기 규율에 엄격한 트레이더였다. 1978년 11월 지미 카터 대통령이 발표한 달러구제계획의 여파와 그의 경험이 이 사실을 잘 보여준다. 미국 달러화의 가치는 그해 내내 주요국 통화 대비 꾸준히 하락하고 있었다. 11월의 어느 주말, 주요국 통화의 가치가 달러 대비 거의 최고치에 육박하는 가운데 카터 행정부는 달러화 가치 방어 대책을 발표했다. 이 기습적인 발표는 외환 시장에 커다란 하락갭[14]을 유발했다.

당시 맥케이는 영국 파운드화에 대해 크게 매수포지션을 취한 상태였다. 월요일 아침, 영국 파운드화 선물은 개장과 동시에 가격제한선까지 하락했다.① 비록 선물시장은 월요일 아침 개장과 함께 하한가까지 내려갔지만(600포인트 하락) 은행

---

14. 돌발적인 악재로 전일 저가보다 낮은 가격에 시장이 출발하는 현상.

간 시장interbank market에서는 파운드화가 즉시 균형가격equilibrium price[15]을 되찾아 자유롭게 거래가 이루어졌다. 맥케이는 월요일 아침 은행 간 시장에서 1,800포인트 낮은 가격에 파운드화 매수포지션을 서둘러 청산했다. 1,800포인트는 선물시장이 3일 연속 하한가를 기록한 수준에 해당했다.

나는 맥케이에게 물었다. "돌발적인 사건으로 인해 선물시장은 일일 가격제한폭까지 하락했고, 선물시장이 며칠 연속 가격제한폭까지 하락한 수준에 해당하는 지점에서 현물시장의 균형가격이 형성된 최악의 상황이었습니다. 선물시장에서 자유롭게 거래가 이루어질 때까지 기다려서 기회를 잡는 것보다 곧바로 포지션을 청산하는 편이 대체로 더 유리했습니까?"

맥케이의 대답에서 자기 규율에 대한 엄격한 태도를 분명히 확인할 수 있었다. "제게는 원칙이 있는데, 그런 판단을 하는 것조차 절대로 허용하지 않습니다. 저는 시장에서 상처를 입으면 곧바로 빠져나옵니다. 가격은 중요하지 않습니다. 즉시 시장을 벗어나는 거죠. 일단 상처를 입으면 그 후의 의사결정은 일이 잘 풀릴 때보다 객관성이 훨씬 떨어지니까요. 시장이 그날 1,800포인트 급등해 상승세로 마감한다고 해도 전혀 상관없습니다. 심각하게 불리한 시장에서 우물쭈물하다가는

---

15. 수요와 공급이 일치하는 지점의 가격.

머지않아 억지로 떠밀려 나올 겁니다."

이 매매로 맥케이는 150만 달러 손실을 기록했다. 그때까지 기록한 손실 중 가장 큰 규모였다. 당시 감정을 묻자 맥케이는 후회하지 않는다고 답했다. "포지션을 붙들고 있는 동안에는 엄청난 불안감에 시달리죠. 일단 벗어나면 잊기 시작합니다. 생각을 떨쳐내지 못한다면 매매를 계속할 수 없습니다."

이처럼 맥케이는 자기 규율에 엄격한 트레이더였다. 10년 후, 맥케이의 '마지막에서 두 번째' 매매로 빠르게 넘어가 보자. 시장에서 5,000만 달러를 벌면 트레이딩을 그만두겠다는 것이 맥케이의 목표였다. 맥케이는 '마지막에서 두 번째' 매매로 목표에 충분히 가깝게 접근한 다음 강력한 마지막 매매로 목표를 완성하려고 했다. 그런데 일이 뜻대로 되지 않았다. 캐나다 달러에 대한 막대한 매수포지션이 문제였다. 캐나다 달러 가치는 심리적 저항선인 80센트[16]를 상향 돌파했고 맥케이는 시장이 훨씬 더 상승하리라고 확신했다. 시장이 유리하게 움직이자 맥케이는 포지션을 추가해 총 2,000계약 매수포지션을 보유했다.

당시 맥케이는 자메이카에 집을 짓고 있었기 때문에 몇 주에 한 번씩 그곳에 가서 공사를 감독했다. 어느 일요일 저녁 맥

---

16. 캐나다 달러 1달러당 미화 80센트(USD0,80/CAD1).

케이는 마이애미로 가는 연결 항공편을 타기 위해 공항으로 급히 나서다가 잠시 멈춰 서서 호가 화면을 확인했다. 관심은 오직 하나, 캐나다 달러였다. 그는 화면을 보고 순간적으로 충격을 받았다. 캐나다 달러 가격이 정확히 100포인트 떨어져 있었다. 하지만 비행기 탑승 시간에 늦었고 리무진이 기다리고 있었다. '100포인트는 고사하고 하룻밤 사이에 20포인트도 움직이기 어려운 게 캐나다 달러잖아. 틀림없이 호가가 잘못된 거야.' 맥케이는 시장이 실제로 그만큼 움직인 것이 아니라 호가의 수백 자리 숫자가 한 자리씩 어긋난 것이라고 생각했다. 맥케이는 그렇게 상황을 합리화하며 급히 공항으로 출발했다.

알고 보니 그날 저녁 호가는 오류가 아니었다. 당시 시장은 100포인트 하락했고 월요일 아침에는 국제통화시장의 금요일 종가 대비 150포인트 하락했다. 사정은 이랬다. 캐나다 총선이 한 달 남은 시점에서 퀘벡 독립을 포함해 극단적인 주장을 펼쳐온 자유당 후보가 상대 후보와의 격차를 대부분 좁혔다는 여론조사 결과가 발표됐다. 그때까지만 해도 이길 가망이 없다고 생각했던 후보였다. 기정사실로 여겨졌던 승부가 하룻밤 사이에 박빙의 구도로 전환된 것이다.

엎친 데 덮친 격으로 새집에서 지낼 수 있을 만큼 공사는 충분히 완료되었지만 아직 전화가 없었다. 휴대전화도 없던 시절이었다. 맥케이는 차를 몰고 가장 가까운 호텔로 가서 공중 전화 박스 앞에 줄을 섰다. 플로어 직원과 전화가 연결되었을 때는 캐나다 달러 포지션에서 300만 달러 평가손실이 발생했다. 이미 시장이 너무 많이 하락해서 전체 포지션의 20퍼센트 정도만 간신히 처분했다. 캐나다 달러화 가치는 급락세를 이어갔다. 며칠 후, 맥케이의 평가손실은 700만 달러에 달했다. 손실 규모를 확인한 맥케이는 사무원에게 소리쳤다. "모조리 처분해줘요!"

맥케이는 노련한 트레이더였지만 한순간 해이해진 대가로 700만 달러를 잃었다. 예상과 달리 가격이 하락하는 것을 보고 실제 상황이 아닌 호가 오류로 치부했다. 비행기 탑승 시간에 늦으면 안 된다는 걱정이 만들어낸 편리한 생각이었다. 놀랍게도 **시장은 트레이더가 자기 규율에 느슨해지는 그 순간을 그냥 지나치지 않는다.** 언젠가 엄격한 자기 규율을 완화하거나 매매 원칙과 위험통제 원칙을 어기고 싶은 유혹을 느낀다면 맥케이를 떠올려보자.

Chapter 10

독립적으로
판단하라

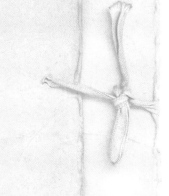

아무리 노련하고 똑똑한 사람의 의견이라고 하더라도
다른 사람의 의견을 따른다면
그 끝은 나쁠 수밖에 없다는 것이다.

크게 성공한 트레이더들이 독립적인 성향을 지녔다는 사실은 새삼스럽지 않다. 마이클 마커스는 독립적인 판단의 필요성을 이렇게 강조했다. "자신만의 빛을 따라야 합니다. … 자기만의 방식을 고수할 때, 그 접근법에는 장점과 단점이 있습니다. 하지만 자신과 타인의 방식을 접목시킬 때는 각각의 방식에서 최악의 요소들만 끌어오는 경우가 많습니다."

나의 이야기

타인의 조언과 의견이 매매의 건전성을 해치는 경우는 흔하다. 내게도 완벽한 사례가 될 만한 기억에 남는 경험이 있다. 일련의 사건이 너무나 완벽하게 짜 맞춘 듯 보여서 어느 정도 각색한 이야기가 아닐까 생각할 수도 있지만, 모든 사건을 있는 그대로 기술했다.

《시장의 마법사들》을 출간한 뒤, 인터뷰로 만난 한 트레이더가 (이름은 밝히지 않겠다.) 시장에 대해 이야기를 나누기 위해 자주 전화를 걸어왔다. 그때 나는 선물 리서치를 담당했고 회사에서 기술적 분석가로서 선물 시장을 맡고 있었다. 그는 다양한 선물 시장에 대한 내 기술적 해석에 관심이 있었다. 나보다 훨씬 훌륭한 트레이더인 그가 내게 왜 의견을 묻는지 의아했다. 시장에 대한 내 의견을 흔들기 위해 전화를 하는 것일지도 몰랐다. 그것 말고는 다른 이유가 없어 보였다.

어느 날 아침, 그가 전화로 내 의견을 물었다. 그는 일본 엔화 거래를 시작했다. 당시 나는 연달아 저조한 트레이딩 결과로 계좌에서 포지션의 크기를 크게 줄인 상황이었다. 일본 엔화만큼은 내가 분명하게 의견을 이야기할 수 있는 유일한 시장이었다. "엔화 가치가 하락하는 것 같습니다. 시장이 급락한 뒤 꽤 견고한 보합세가 이어졌어요. 경험상 이렇게 복합적인 패턴이 나타나면 시장은 대개 다시 하락합니다."

그러자 그는 수십 가지 이유를 들어 내 생각이 잘못되었다고 반박했다. 이 오실리에이터oscillator 지표상 과매도 상태이고, 다른 오실리에이터를 봐도 과매도라는 식이었다. 나는 이렇게 말했다. "아마 말씀하시는 게 맞을 겁니다. 그냥 제 의견일 뿐이에요."

20여 년도 더 전이었지만 다른 사람의 의견을 구하지 않아도 될 만큼은 시장에 대해 알았다. 다만 그날 오후 나는 워싱턴 DC로 출발해 이틀 동안 집을 비울 예정이었다. 시장을 지켜보기에는 일정이 빠듯했다. '요즘 트레이딩이 시원찮았어. 중요한 포지션 하나만 남았어. 그는 뛰어난 트레이더야. 그런 사람의 의견을 정말로 대수롭지 않게 취급할 셈이야?' 여기서 합리화가 작동했다. '가만, 시장을 지켜볼 수 없을 때는 어떻게 한다?' 나는 시간외 트레이딩 데스크로 걸어가서 포지션을 청산하는 주문을 입력했다. 더 나았던 내 판단을 거스르는 행동이었다. 단순히 프로텍티브 스톱 주문을 걸어두어도 되는 상황이었던 만큼, 포지션 청산은 자기합리화에 불과했다. 반드시 시장을 지켜보지 않더라도 신중하게 포지션을 유지하는 것은 가능하기 때문이다.

짐작하겠지만 며칠 후 일정을 마치고 돌아오자 엔화는 몇백 포인트나 떨어져 있었다. 바로 그날, 그에게서 전화가 왔다. 지난번 그의 주장과는 정확히 반대로 급락한 엔화에 대한 그의 생각이 몹시 궁금했지만 나는 그 주제를 꺼낼 만큼 사람을 대하는 데 서툴지 않다. 그 순간 그가 물었다. "엔화를 어떻게 보고 계시죠?"

나는 짐짓 모르는 체하고 엔화 시장에 대한 지난번 대화가 갑자기 떠오른 듯 말했다. "아, 엔화. 지금도 매수 포지션이십니까?" 전화기 너머에서 그가 소리쳤다. "매수요? 저는 매도

포지션인데요!"

한 가지 언급하지 않은 사실은 그가 상당한 단타매매를 한다는 것이다. 그에게는 하루가 장기일 수 있고 내게는 2주가 단기일 수도 있다. 지난번 대화를 나누었을 때 그는 실제로 엔화를 낙관했다. 그는 단기(즉 '당일') 반등을 기대했다. 그러나 시장이 예상대로 움직이지 않자 자신이 잘못된 편에 서 있다고 판단하고 매수포지션을 청산한 뒤 매도포지션을 취해 200포인트를 벌었다. 반면 내 판단은 줄곧 옳았지만 나는 아무것도 하지 않았다.

요점은 아무리 노련하고 똑똑한 사람의 의견이라고 하더라도 다른 사람의 의견을 따른다면 그 끝은 나쁠 수밖에 없다는 것이다. 장담한다. **남의 의견대로 해서는 성공할 수 없다.** 마이클 마커스의 말처럼 '자신만의 빛'을 따라야 한다.

Chapter 11

성공한 트레이더의
자질

실제로 자신감은 내가 인터뷰한 성공한 트레이더들의
일관된 특징 중 하나였다.

강력한 자신감이 필요하다

폴 튜더 존스에게 자신이 운용하는 펀드에 개인 자금도 들어갔는지 묻자 그는 "순자산의 85퍼센트를 제가 운용하는 펀드에 투자한 상태입니다."라고 답했다. 어째서 그렇게 많은 비중을 투자했을까? 그의 말을 그대로 옮기면 이렇다. "세상에서 가장 안전한 장소라고 믿으니까요." 이것은 선물 트레이더의 발언이다. 순자산의 거의 전부를 선물거래 펀드에 넣는 것이 자신이 할 수 있는 가장 안전한 투자라는 뜻이었다. 이것은 무엇을 말하는가? 자금운용 능력에 대한 그의 자신감이 대단하다는 사실이다.

역시 선물 트레이더인 먼로 트라우트는 폴 튜더 존스보다 더했다. 그는 가진 자금의 95퍼센트를 자기가 운용하는 펀드에 투자했다. 한편 자신이 세운 전략에 순자산의 100퍼센트가 넘는 자금을 투자할 만큼 자신만만한 트레이더들도 있었다. 트레이딩을 시작한 초기, 길 블레이크는 이미 대출이 있던 부동산을 담보로 3년 동안 네 번이나 추가로 대출을 받았다. (집값이 빠르게 오르고 있었기 때문에 가능했다.) 블레이크에게 대출을 받아 트레이딩을 하는 데 거리낌이 없었는지 묻자 그는 이렇게 말했다. "없었습니다. 확률이 상당히 유리했으니까요. 물론 통념을 극복해야 했죠. 트레이딩을 하려고 추가로 담보대출을 받는다고 말한다면 좋은 소리를 듣기 어렵죠. 얼마 안 가서 남들에게 자세한 내용을 언급하지 않게 됐죠."

이처럼 자기가 운용하는 펀드나 계좌에 큰 비중으로 순자산을 투입하는 것은 일반적으로 큰 위험을 부담하는 행위로 여겨진다. 그러나 이 트레이더들의 시각은 전혀 달랐다. 이들이 순자산의 큰 비중을 자신의 전략에 직접 투입한 것은 그것이 안전한 투자라고 생각했기 때문이다. 자신의 접근법과 자금운용 능력에 대한 커다란 자신감을 반영하는 시각이다.

여기서 중요한 질문이 이어진다. 이들이 자신감 덕분에 성공했을까 아니면 성공했기 때문에 자신감을 갖게 된 것일까? 이처럼 양방향으로 모두 성립하는 인과관계에 대한 질문에 확실한 답을 찾기란 불가능하지만 나는 둘 다 옳다고 생각한다. 성공한 트레이딩이 자신감으로 이어진 것은 분명하지만 또한 자신감이 성공적인 트레이딩으로 이어졌다고 믿는다. 실제로 자신감은 내가 인터뷰했던 성공한 트레이더들의 일관된 특징 중 하나였다.

트레이더로서 성공할 수 있는지 가늠하는 한 가지 방법은 성공할 수 있다는 자신감이 있는지다. 얼마나 자신감이 있는지는 오로지 자신만이 판단할 수 있다. 트레이더로서 성공할 수 있을 만큼 자신감이 충분한지 어떻게 판단할까?

인터뷰를 통해 얻은 결론은 그 수준에 이르면 알게 된다는 것이다. **확신이 서지 않는다면 아직 그 수준에 이르지 않았다**는 뜻이다. 이런 상태에서 위험이 따르는 기회에 투자할 때는 자신감이 부족하다는 사실을 충분히 인식하고 좀 더 신중할 필요가 있다. 타인에게 조언을 구하는 것도 자신감이 부족하다는 확실한 신호다.

Chapter 12

패배도
경기의 일부다

이길 것을 알고 시작하면 손실을 감수하는 것은
문제가 되지 않는다. 궁극적으로 이익을 내기 위한
과정의 일부에 불과하다는 것을 알기 때문이다.

자신감과 손실 감수의 관계

패배도 경기의 일부라는 생각은 자신감과 밀접하게 관련이 있다. 이것을 보여주는 좋은 사례가 린다 라쉬케Linda Raschke다. 라쉬케는 성공한 플로어 트레이더floor trader[17]였지만 승마 도중 당한 사고로 부상에 시달리면서 플로어 트레이딩을 포기하고 사무실에서 트레이딩을 할 수 밖에 없었다. 라쉬케는 그 후 장외 트레이더로서도 오랫동안 꾸준히 수익을 올렸다.

라쉬케는 이렇게 말했다. "손실이 발생해도 별로 개의치 않았습니다. 곧 되돌릴 수 있다는 것을 언제나 알고 있었으니까요." 오만하고 자만에 빠진 발언으로 들릴지도 모른다. 그러나 그런 것은 라쉬케의 성격과는 거리가 멀다. 라쉬케는 자신의

17.　뉴욕 증권거래소에서 증권회사의 자기매매를 담당하는 트레이더.

트레이딩에 대해 으스대는 것이 아니었다. 라쉬케가 정말로 하려던 말은 이것이었다. "제 방법론은 장기적으로 이길 것이 확실합니다. 그 과정에서 질 때도 있겠죠. 지금 지더라도 다음에는 이길 것입니다. 제 방법론을 고수하고 하던 대로 계속 해나간다면 결국 앞서 나갈 것입니다." 패배도 하나의 과정이며 트레이더로서 성공하려면 그 사실을 이해해야 한다는 의미다.

'시장의 마법사들'을 인터뷰한 연구 심리학자 반 타프 박사 Dr. Van Tharp는 승리하고 패배하는 트레이더들의 차이를 직접 분석했다. 타프 박사는 상위 트레이더들에게서 공통적으로 발견되는 중요한 신념들을 목록으로 정리했다. 그중 두 가지 신념은 이 장의 주제와도 직접적으로 관련이 있다.

첫째, 최고의 트레이더들은 시장에서 돈을 잃어도 괜찮다고 믿었다. 둘째, 게임에 참여하기 전에 이미 자신들이 이긴다고 믿었다. 이길 것을 알고 시작하면 손실을 감수하는 것은 문제가 되지 않는다. 궁극적으로 이익을 내기 위한 과정의 일부에 불과하다는 것을 알기 때문이다.

패배하는 트레이더에서 이기는 트레이더로

마티 슈워츠는 지는 것도 경기의 일부라는 사실을 받아들인 후에야 비로소 패배하는 트레이더에서 이기는 트레이더로 바뀔 수 있었다고 말했다. "손실이 발생하는 포지션을 보유한 사람이 할 수 있는 최고의 합리화는 무엇일까요? '본전만 찾으면 나가야지.' 하는 겁니다. 나가는 것이 왜 그다지도 중요할까요? 자존심 때문입니다. '자존심 따위 상관없어. 돈을 버는 게 더 중요해.'라고 말할 수 있게 되었을 때 저는 비로소 이기는 트레이더가 될 수 있었습니다."

본전을 찾고 빠져나오면, "역시 틀리지 않았어. 실수를 저지르지 않았다고."라고 말할 수는 있을 것이다. 틀려서는 안 된다는 생각이야말로 패배하는 이유다. 역설적이지만 아마추어는 손실을 피하려다 돈을 잃는다. 하지만 **프로는 이기려면 손실도 감수해야 한다는 사실을 이해한다. 손실을 감수하는 것도 트레이딩 과정에서 빼놓을 수 없는 부분이라는 사실을 아**는 것이다. 트레이딩에서 이기려면 패배도 경기의 일부라는 사실을 이해해야 한다.

트레이딩의 네 가지 유형①

많은 사람들이 트레이딩을 이기는 매매와 지는 매매, 두 가지로 생각한다. 사실 트레이딩에는 네 가지 종류가 있다. 이기는 매매와 지는 매매 그리고 좋은 매매와 나쁜 매매가 있다. 이기는 매매가 좋은 매매, 지는 매매가 나쁜 매매라고 혼동해서는 안 된다. 좋은 매매에서도 돈을 잃을 수 있고 나쁜 매매로도 돈을 벌 수 있다. 개별 매매에서는 손실을 입더라도 여러 차례 반복했을 때 (수용 가능한 위험 수준에서) 이익을 내는 과정을 밟는다면 좋은 매매다.

동전 던지기 내기를 하자는 제안을 받는다고 가정하자. 동전의 공정성은 스스로 잘 알고 있다. (자신의 동전으로 자신이 던진다.) 앞면이 나오면 상대에게 100달러를 주고 뒷면이 나오면 200달러를 받는다. 제안을 수락하고 동전을 던졌더니 앞면이 나왔다. 나쁜 내기였나? 그렇지 않다. 좋은 내기였지만 지는 내기였을 뿐이다. 동전을 여러 번 반복해서 던진다면 결국 좋은 결과를 얻을 것이다. 비록 돈을 잃었지만 내기를 수락한 것은 옳은 결정이었다.

마찬가지로, 수익을 낼 수 있는 전략을 고수한다면 당장은 손실이 나더라도 좋은 매매다. 비슷한 매매를 여러 차례 반복하는 것이 전체적으로는 이기는 매매로 가는 과정이기 때문이다.

트레이딩은 확률의 문제다. 과정이 아무리 좋더라도 상당히 잦은 빈도로 손실이 발생한다. 어떤 개별 트레이딩에서 돈을 벌 수 있을지 여부를 미리 알 수는 없다. 긍정적 우위를 지닌 과정을 고수하는 한 이기든 지든 좋은 매매다. 비슷한 매매를 여러 번 반복하면 평균적으로 이익을 내고 끝날 것이기 때문이다. 반대로 도박과 같은 매매는 시간이 흐르면 결국 돈을 잃기 때문에 이기든 지든 나쁜 매매다. 베팅에 비유하자면 이기고 있는 슬롯머신에 또 다시 돈을 거는 것은 나쁜 베팅(즉, 나쁜 매매)이다. 슬롯머신은 여러 번 반복하면 높은 확률로 돈을 잃기 때문이다.

기꺼이 패배하라

기꺼이 지지 못하면 이길 수 없다. 브루스 코브너는 마이클 마커스로부터 얻은 특별한 가르침을 소개했다. "잦은 실수에 대해 거리낌이 없어야 합니다. 실수해도 전혀 문제가 안 됩니다. 마이클은 제게 최선의 판단을 내린 다음 틀리고, 차선의 판단을 내린 다음 틀리고, 또 다음 최선의 판단을 내리면 그다음에는 돈이 두 배로 불어난다는 것을 가르쳐 주었죠."

Chapter 13

끈기 있게
기다려야 할 때

진짜 바보는 언제 어디서나 엉뚱한 일을 저지르고
월스트리트의 바보는 언제나 반드시 매매를 하려고 한다.

- 에드윈 르페브르

전자매매electronic trading 시대 전[18] 미국 국채 피트를 차지한 최대 개인 트레이더였던 톰 볼드윈Tom Baldwin에게 일반 트레이더들이 흔히 범하는 오류가 무엇인지 물었다. 그는 이렇게 대답했다. "매매를 너무 자주 합니다. 충분히 선별해서 매매할 지점을 선택하지 않아요. 시장이 움직이는 모습을 보면 동참하고 싶어 합니다. 그러다 보니 끈기 있게 기다리지 못하고 마음에도 없는 매매를 합니다. 인내심은 대부분의 사람들에게 부족한 중요한 성품입니다."

100년의 지혜

에드윈 르페브르Edwin Lefevre가 쓴 《어느 주식투자자의 회상》

---

18. 공개호가경매open outcry 시대.

은 지금까지 나온 트레이딩에 관한 책 가운데 가장 유명한 책일 것이다. 1923년에 출판되어 90년이 더 지난 지금까지도 여전히 시의성을 갖는 이 책은 제시 리버모어라고 여겨지는 주인공의 트레이딩 경험을 다룬 자전적 소설이다. 트레이더의 사고방식을 꽤 정확히 포착해 보여준 덕분에 내가 35년 전 이 책을 처음 읽었을 때는 에드윈 르페브르를 제시 리버모어의 필명으로 착각한 사람들도 많을 정도였다.

책에서 화자는 이렇게 말한다. "진짜 바보는 언제 어디서나 엉뚱한 일을 저지르고 월스트리트의 바보는 언제나 반드시 매매하려고 한다." 또한 그는 날마다 트레이딩을 해야 한다는 강박의 원인과 그런 사고방식이 가져오는 결과를 이야기한다. "월스트리트에서 발생하는 손실의 상당 부분은 상황과 무관하게 꾸준히 시장에 참여하려는 욕구에 원인이 있다. 심지어 전문 트레이더 중에도 정해진 급여를 받듯 날마다 집으로 얼마간 돈을 가져가야 하는 줄로 아는 사람들이 있다." 요점은 분명하다. 진정한 기회를 기다리며, 늘 트레이딩에 참여한 상태이고 싶다는 유혹에 저항하는 인내심이 필요하다.

인내의 달인

마이클 마커스는 인터뷰에서 자신이 성공한 트레이더로 거듭나는 데 가장 큰 영향을 미친 인물로 에드 세이코타를 지목했다. 시스템 트레이딩의 선구자인 세이코타는 선물 시장에서 놀라운 복리 수익률을 달성했다. 1972년 5,000달러로 출발한 한 계좌의 자산은 1988년 인터뷰 당시 25만퍼센트나 불어나 있었다.

인내는 마커스가 세이코타로부터 배운 특히 중요한 교훈이다. 마커스는 이렇게 회상했다. "한번은 세이코타가 은에 대해 매도포지션을 취했는데 시장이 계속해서 하락했습니다. 하루에 0.5페니, 1페니씩 하락했죠. 그러자 모두 강세를 낙관했습니다. 은 가격이 너무 싸서 올라갈 일만 남았다고 이야기했죠. 하지만 세이코타는 매도포지션을 유지했습니다. '하락이 추세이고 이 추세가 바뀔 때까지는 매도포지션을 유지할 생각'이라고 말했어요. 추세를 따르는 그의 방식을 보면서 인내를 배웠습니다."

세이코타를 인터뷰할 당시 책상 위에 호가를 보여주는 단말기가 없다는 사실이 의외여서 그에게 이유를 물었다. 세이코타는 쓴웃음을 지으며 대답했다. "호가 단말기를 놓는다는 것은 책상 위에 슬롯머신을 두는 것과 같습니다. 결국 하루 종일 그 기계에 매달리게 되겠죠. 저는 매일 장이 끝난 뒤 가격 데이터를 조회합니다." 일일 가격 데이터를 바탕으로 조건이 충족되면 시스템에서 매매 신호가 발생된다. 세이코타는 장중 시세 변동조차도 알려고 하지 않았다. 자신의 방법론이 지시하는 것보다 더 자주 매매에 나서려는 유혹을 피하기 위해서였다. 가격의 움직임을 일일이 지켜보는 것은 두 가지 측면에서 위험하다. 첫째, 과잉 매매로 이어질 수 있다. 둘째, 시장이 조금만 불리하게 움직여도 좋은 포지션을 섣불리 청산할 가능성이 높아진다.

아무것도 하지 않는 것의 힘

기본적으로 매매 기회를 기다리며 더 자주 매매를 하고 싶은 자연스러운 충동에 저항해야 한다. 짐 로저스는 오로지 강한 확신이 있을 때만 매매하는 것이 중요하다고 강조하며 이렇게 말했다. "투자에 관해 누구에게나 해당하는 최고의 원칙 중 하나는 특별히 할 것이 있지 않은 한 아무것도, 절대적으로 아무것도 하지 않는 것입니다."

항상 모든 준비가 갖추어진 상태에서 포지션을 취하는지 아니면 가격의 움직임이 임박했다는 직감에 따라 매매를 하는 경우도 있는지 묻자 로저스는 이렇게 대답했다. "방금 하신 말씀은 가난으로 가는 지름길입니다. 저는 모퉁이에 돈이 떨어질 때까지 기다렸다가 그저 주워 담을 뿐입니다." 다시 말해 바닥에 떨어진 돈을 줍다시피 하듯 확실해질 때까지 아무것도 하지 않는다는 뜻이다. 그런 이상적인 기회를 기다리기 위해서는 적당히 괜찮은 매매에 뛰어들지 않고 지나칠 줄 아는 인내심이 필요하다.

이벤트 드리븐event-driven[19] 전략을 구사한 헤지펀드 고담 캐피털Gotham Capital 의 매니저 조엘 그린블랫Joel Greenblatt 역시 매매를 하지 않는 전략을 활용했다. 고담 캐피털은 10년(1985~1994년) 동안 연평균 50퍼센트 수익률(성과보수incentive fees 차감 전 기준)을 달성했다. 가장 고전했던 해에도 28.5퍼센트 수익률을 기록했다. 자산 규모가 수익률을 저해할 정도로 커지자 그린블랫은 고담 캐피털을 폐쇄했다. 그린블랫은 한동안 회사 고유자본proprietary capital으로 매매를 한 뒤 더 많은 자금을 수용할 수 있는 가치 기반 전략을 구사하는 펀드로 자산운용에 복귀했다.

> 월스트리트에는 스트라이크가 없다.
> – 워런 버핏Warren Buffett

그린블랫은 컬럼비아 경영대학원에서 취미 삼아 오랫동안 강의했다. 인터뷰에서 그는 급격한 기술 변화나 신제품, 기타 요인으로 인해 미래에 벌어들일 이익을 예측하기가 매우 어려

---

19. 파산, 합병, 구조조정, 자사주 매입 등 특수한 이벤트를 중심으로 한 매매 전략.

운 기업은 어떻게 해야 하느냐는 학생들의 질문에 자신이 제시하는 조언을 소개했다.

워런 버핏의 열렬한 팬인 그린블랫은 이처럼 모호한 상황에 대처하는 방법으로 버핏의 금언을 언급했다. "그런 기업은 건너뛰고 분석이 가능한 기업을 찾으라고 합니다. 자신이 무엇을 모르는지 아는 것이 중요합니다. 워런 버핏은 '월스트리트에는 스트라이크가 없다.'라고 했습니다. 원하는 만큼 얼마든지 많은 공을 보고 모든 조건이 마음에 들었을 때 방망이를 휘둘러야 합니다."

클로드 드뷔시Claude Debussy는 "음악은 음표 사이의 공백에 있다."라고 했다. 마찬가지로 트레이딩에서 성공은 매매 사이의 공백에 있다고 할 수 있다. 연주되지 않은 음이 음악에 중요한 것처럼 하지 않은 매매도 성공적인 트레이딩을 위해 중요하다.《헤지펀드 시장의 마법사들》에서 인터뷰한 주식 트레이더 케빈 달리Kevin Daly의 사례에서 이 원칙을 확인할 수 있다. 엄밀히 말해서 달리는 롱숏 에쿼티long-short equity[20] 펀드의 매니저이지만 언제나 매우 적은 포지션을 보유한다. 포지션의 비중은 거의 언제나 운용자산의 한 자릿수에 불과하다. 그런 의미에서 달리는 롱숏 매니저라기보다는 롱 온리 에쿼티long-only

---

20. 저평가된 주식을 매수하고 고평가된 주식을 매도해 롱/숏 포지션을 동시에 구성하는 전략.

equity [21] 펀드 매니저에 훨씬 가깝다. 달리는 주요 증시가 고점을 기록한 2000년 초에서 겨우 반년 앞선 1999년 말에 자신의 펀드를 설립했다. 주식 매수포지션 위주로 포트폴리오를 구성한 펀드 매니저에게는 불길한 출발이었다. 이처럼 시기적으로 불리했음에도 불구하고 달리는 인터뷰 당시 11년간 누적 총 수익률 872퍼센트를 달성했다. 같은 기간 러셀 2000은 68퍼센트 상승했고 S&P 500 지수는 9퍼센트 하락했다.

매수포지션에 치우친 포트폴리오로 주가가 횡보한 기간에도 그처럼 높은 수익률을 달성한 방법은 무엇일까? 지수 상승률을 초과하는 수익을 낼 수 있는 주식을 선택한 뛰어난 능력도 답이 될 것이다. 그러나 달리의 성과를 설명하는 데 가장 중요한 것은 그가 부정적인 시장 환경에서 규율을 지켜 포트폴리오 자산의 대부분을 현금으로 보유했다는 사실이다. 덕분에 그는 주요 약세장을 두 차례나 거치면서도 수익률 급락을 피할 수 있었다. 두 차례 약세장에서 S&P 500은 각각 절반 가까이 하락했지만 같은 기간 달리의 최대 드로다운은 10퍼센트에 불과했다. 달리는 매매를 하지 않음으로써 큰 손실을 피했고 누적 수익률을 엄청나게 높일 수 있었다는 것이 핵심이다.

이 결과를 얻기 위해서는 2000년부터 2002년까지 이어

---

21.   싸게 사서 비싸게 파는 일반 주식형 펀드 투자 전략.

진 약세장 대부분의 기간 주식에 대한 노출을 최소화한 상태로 유지해야 했다. 여기에 얼마만큼 인내심이 필요했을지 생각해보라. 달리의 수익률을 차별화한 것은 인내심, 그리고 실행하지 않은 것은 매매였다.

《시장의 마법사들》에서 인터뷰한 마크 와인스타인Mark Weinstein은 인내와 좋은 매매의 연관성을 동물의 왕국에 비유해 설명했다. "저는 매매에서 그다지 큰 손실을 보지 않습니다. 정확한 순간을 기다리는 덕분이죠. … 세상에서 가장 빠른 동물인 치타는 평원에서 어떤 동물도 따라잡을 수 있지만 사냥감을 잡을 수 있다는 완전한 확신이 설 때까지 기다립니다. 정확한 순간을 기다리며 덤불 속에서 일주일이 걸려도 숨어있죠. 새끼 영양을 노릴 겁니다. 그것도 병들고 다리를 절룩거리는 녀석을 기다리겠죠. 그러다 절대 놓칠 일이 없을 때 비로소 공격에 나섭니다. 제가 보기에는 이게 바로 전형적인 전문 트레이더의 방식입니다."

앞서 제시한 사례에서 보듯 시장의 마법사들은 충분히 매력적인 기회가 있을 때까지 인내심을 갖고 아무것도 하지 않은 채 기다린다. 여기서 얻는 교훈은 조건이 맞지 않거나 위험 대비 수익이 충분히 높지 않다면 아무것도 하지 않는다는 것이다. 조급함 때문에 미심쩍은 매매에 뛰어들지 않도록 경계해야 한다.

아무것도 하지 않는 것은 자주 매매를 하고 싶은 인간의 자연스러운 본성을 거스르는 일이어서 말처럼 쉽지 않다. 트레이딩이 지닌 중독성 때문이다. 오랫동안 성공적으로 트레이딩을 한 트레이더이자 상품거래자문가이며 리처드 데니스의 전동업자인 윌리엄 에크하르트William Eckhardt는 트레이딩이 중독적인 이유를 다음과 같이 설명했다. "행동심리학자들이 다양한 조건으로 강화계획reinforcement schedules의 상대적 중독성을 비교한 결과 간헐적 강화intermittent reinforcement, 즉 긍정적 강화와 부정적 강화가 무작위로 주어졌을 때가 오로지 긍정적 강화만 주어졌을 때보다 중독성이 강했습니다. 예를 들어, 쥐가 막대기를 건드렸을 때 보상이 주어질지 고통을 받을지 미리 알지 못하는 것처럼요."

진득하게 기다리는 지혜

인내는 매매에 나설 때 필수적일 뿐만 아니라 포지션을 정리할 때도 중요하다. 《어느 주식투자자의 회상》을 다시 인용해보겠다. "내게 큰돈을 벌어준 것은 머리가 아니라 엉덩이다. 이해하겠는가? 진득하게 앉아 기다리는 것이다! 시장을 올바르게 판단하는 요령이 따로 있는 것은 아니다. 많은 사람이 강세장 초반에 강세를 알아차리고 약세장 초반에 약세를 예측한다. 정확히 옳은 시점에 올바른 판단을 한 사람들은 많지만 …
그 방법으로 진짜 큰돈을 번 사람은 별로 없다. 시장을 올바르
게 판단할 줄 알면서, 동시에 진득하게 기다릴 줄 아는 사람은
드물다."

'앉아 기다리는 것의 중요성'이라는 주제를 떠올리게 한 몇
건의 인터뷰가 있었다. 특히 윌리엄 에크하르트의 인터뷰가
이 주제를 뒷받침했다. 그는 "이익을 실현하는 한 망할 일은
없다."라는 격언이 크게 잘못되었다고 지적했다. "바로 그 방
법으로 수많은 트레이더들이 망했죠. 아마추어는 손실을 키워
서 망하고 프로는 자잘한 이익을 취하다 망합니다." 에크하르
트는 인간의 본성이 이익 자체보다 이익을 낼 '기회'의 극대화
를 추구한다며 그것이 문제라고 강조했다.

이기는 매매의 횟수를 최대한 늘리려는 욕망이 좋은 매매
를 서둘러 정리하게 만들어 불리하게 작용한다는 것이다. 반
드시 이기는 매매로 끝내야 한다는 의무감이 더 많은 돈을 벌
기회를 놓치게 만든다. 승률을 높이는 대신 전체 이익은 크게
줄어드는 것이다. 이것은 잘못된 판단이고 해로운 목표다.

에크하르트는 "승률은 트레이딩의 성과를 보여주는 통계
가운데 중요성이 가장 낮다. 심지어 성과와 반비례 관계일 수
도 있다."라고 강조했다. 지는 매매를 상쇄하고도 남을 만큼
큰 이익을 달성하려면 방법과 기간에 상관없이 좋은 매매가

합당한 결실을 보도록 해야만 한다. 마커스는 이것을 한마디로 설명했다. "이기는 매매를 붙들고 있지 않으면, 지는 매매를 벌충하지 못합니다."

한마디로 인내심은 트레이더에게 대단히 중요한 자질이다. 매매에 진입할 때와 매매를 청산할 때 모두 해당된다.

Chapter 14

트레이딩에서
충성심은
미덕이 아니다

좋은 트레이더는 자신이 틀렸다고 생각하면 포지션을 청산하고
뛰어난 트레이더는 더 나아가 반대 포지션을 구축한다.
트레이더로서 성공하고 싶다면 기존 포지션에 충성해서는 안 된다.

트레이딩에서 버려야 할 것

충직하다는 것은 좋은 성품이다. 가족, 친구, 반려동물이 대상일 때는 그렇다. 하지만 트레이딩은 다르다. 충성스러운 트레이더는 끔찍하다. 특정한 의견이나 포지션에 충성한 결과는 참담할 수 있다. 충성하지 않을 때 유연한 대처가 가능하다.

유연성은 타당한 상황에서 자신의 의견을 완전히 바꿀 수 있는 능력이다. 마이클 마커스는 대다수 트레이더와 차별화된 요인으로 유연성을 꼽았다. "저는 굉장히 개방적입니다. 감정적으로는 받아들이기 힘든 정보도 기꺼이 받아들이죠. … 시장이 기대에 역행할 때는 '이 포지션으로 큰돈을 벌고 싶었지만 잘 안 됐으니까 여기서 나가야지.'라고 마음먹는 게 언제든 가능합니다."

시장이 틀렸다고 말하고 있었다

2009년 4월, 2008년 말에서 2009년 초에 걸친 금융시장 붕괴의 여파로 콤 오셔는 여전히 시장을 매우 비관했고 그에 따른 포지션을 취했다. "하지만," 그는 말했다. "시장은 제가 틀렸다고 말하고 있었습니다." 오셔는 이렇게 생각했다. "중국이 회복하고 금속 가격이 상승하고 호주 달러화 가치도 상승하고 있어. 무슨 뜻일까? 세상 어딘가는 회복하고 있다는 뜻이야. … 따라서 전 세계가 심각한 상황이라는 논지를 고수할 수는 없어. 지금 실제 전개되는 상황에 적합한 가설은? 아시아는 사실 이제 괜찮아 보여. 아시아가 주도하는 회복세가 적절한 시나리오지."

오셔는 자신의 주요 기본 견해가 틀렸다는 것을 인식하자 그것을 포기했다. 주식시장과 상품시장 모두 결국 수년간 이어질 상승세에 돌입했으니 원래 예상을 고수했다면 결과는 참담했을 것이다. 애초 전망이 완전히 빗나갔음에도 불구하고 오셔는 그해 이익을 낼 수 있었다. 유연성을 갖고 자신의 세계관이 틀렸음을 인정한 뒤 시장의 방향에 대한 생각을 완전히 뒤집은 덕분이었다.

오셔는 유연한 태도의 귀감이 되는 인물로 조지 소로스를 꼽는다. "조지 소로스는 만나본 사람 중에 가장 후회를 덜 하는 사람입니다. (중략) 특정한 아이디어에 감정적 애착이 없죠. 매매가 잘못되면 손절하고 다음으로 넘어가서 다른 것을 합니다. 소로스는 한때 외환 포지션을 대규모로 보유했습니다. 그 포지션으로 하루에 2억 5,000만 달러 가까이 벌었죠. 금융지에서 그 포지션에 대해 언급한 적이 있는데 소로스의 주요한 전략적 관점으로 들렸어요. 그런데 시장이 반대 방향으로 움직이자 그 많던 포지션을 그냥 청산해 버렸어요. 남김 없이."

존스의 방향 전환

나는 2주 간격으로 폴 튜더 존스를 몇 차례 방문해 인터뷰를 했다. 첫 번째 인터뷰에서 존스는 주식시장의 상당한 약세를 전망하고 S&P500 지수에 대해 매도포지션을 크게 취했다. 두 번째 찾아갔을 때 주식시장에 대한 그의 견해는 전혀 달라져 있었다. 시장이 예상한 하락세를 그리지 않는 것을 보고 존스는 자신이 틀렸다고 확신했다.

두 번째 만남에서 그는 단호하게 말했다. "이 시장은 품절입니다." 존스는 기존 매도포지션을 포기했을 뿐만 아니라 애초 전망이 틀렸다는 증거를 보고 그것을 근거로 매수포지션을 취했다.

짧은 기간 동안 이루어진 180도 방향 전환은 그의 성공적인 트레이딩을 뒷받침한 극단적인 유연성을 보여준다. 이러한 심경의 변화는 시기적절한 것이었다. 시장이 그 후 몇 주 동안 급등했기 때문이다.

기습공격

마이클 플랫이 유럽 금리선물에서 막대한 매수포지션을 보유하고 있을 때 유럽중앙은행ECB이 예상 밖의 금리 인상을 단행했다. 포지션에 엄청난 타격을 가하는 사건이었지만 당시 런던에서 남아프리카로 가는 비행기 안에 있던 플랫은 상황을 전혀 모르고 있었다. 비행기가 착륙하자마자 비서가 급히 전화를 걸어 상황을 설명하고 지시를 요청했다. "얼마나 잃었지?" 플랫이 물었다. "7,000만 달러에서 8,000만 달러 정도입니다." 플랫은 유럽중앙은행이 금리를 올리기 시작한 이상 금리인상이 계속될 것이라고 판단했다. 빠르게 대처하지 않으면 손실은 일주일 안에 2억 5,000만 달러로 불어날 수도 있었다. 플랫은 비서에게 지시했다. "전부 처분해!"

틀렸을 때는 오로지 벗어나야 한다는 본능만이 작동한다. 생각했던 것이 완전히 실수였다는 것을 알게 될 정도라면 충격에 빠

플랫은 그때의 경험을 이렇게 회상했다. "틀렸을 때는 오로지 벗어나야 한다는 본능만이 작동합니다. 생각했던 것이 완전히 실수였다는 것을 알게 될 정도라면 충격에 빠진 사람은 저 혼자가 아닐 테니 누구보다 먼저 팔아야 합니다. 가격은 상관없어요."

최악의 실수에서 살아남기

포지션에 충성하지 않는 가장 좋은 사례를 꼽으라면 스탠리 드러켄밀러Stanley Druckenmiller를 들 수 있다. 그가 설립한 헤지펀드 뒤켄 캐피탈 매니지먼트Duquesne Capital Management 는 25년 동안 35퍼센트에 가까운 연평균 수익률을 달성했는데 장기 기록으로는 단연 최고 수준이다. 이 이야기는 1987년 10월 16일에 시작된다. 이 날짜의 의미가 금방 와닿지 않는다면, 한 가지 힌트를 주겠다. 그날은 금요일이었다.

당시 드러켄밀러는 뒤켄 펀드 외에도 드레퓌스Dreyfus의 펀드를 다수 운용하고 있었다. 드러켄밀러는 금요일에 순매도

포지션에 진입했다. 많은 사람들이 잊고 있지만 1987년 10월 19일의 대폭락은 갑자기 일어난 사건이 아니었다. 사실 시장은 그로부터 두 달 전 시작된 하락세로 20퍼센트 가까이 빠졌고 바로 전 주에만 9퍼센트 하락한 상황이었다. 1987년 10월 16일 금요일 오후, 드러켄밀러는 시장이 충분히 하락했다고 판단했다. 지수도 드러켄밀러가 주요 저지선이 될 것으로 예상한 지점에 근접했다. 그는 매도포지션을 정리했다. 나쁜 결정이었다. 아니, 나쁜 정도가 아니었다. 매도포지션을 정리했을 뿐만 아니라 순매수 포지션을 취했고 게다가 규모도 상당했다. 하루 만에 순매도에서 130퍼센트 순매수 포지션으로 전환한 것이다. (즉, 레버리지를 활용한 순매수였다.)

예전에는 이 일화를 이야기할 때마다 트레이딩에서 이보다 더 나쁜 실수를 저지른 사람이 있었는지 청중들에게 묻곤 했다. 이제는 더 이상 그 질문을 하지 않는다. 주식시장에서 그것도 1987년 10월 16일 금요일에 순매도 포지션에서 레버리지를 동원한 매수포지션으로 전환하는 것보다 더 나쁜 실수를 저지를 수는 없다는 것을 깨달았기 때문이다.

이처럼 엄청난 실수에도 불구하고 1987년 10월 드러켄밀러의 손실은 놀랍게도 소폭에 그쳤다. 어떻게 그것이 가능했을까? 10월 전반기 동안 드러켄밀러는 매도포지션으로 돈을 벌었다. 이제부터가 중요하다. 금요일 장 마감 이후부터 월요일 장이 열리기 전까지 드러켄밀러는 과도하게 매수포지션을 취한 것이 끔찍한 실수라고 판단했다. 그렇게 판단한 이유는 《새로운 시장의 마법사들》에서 자세히 설명했지만 여기서는 중요하지 않다. 중요한 것은 매수에 치중한 포지션이 심각한 실수였다는 것을 깨달은 드러켄밀러가 월요일이 되면 포지션을 정리하기로 결정했다는 사실이다.

다만 월요일 아침에 시장이 엄청난 하락세로 출발했다는 것이 문제였다. 그래서 어떻게 했을까? 그는 월요일 장이 열리자마자 한 시간 만에 새로 취한 매수포지션을 전부 정리했다. 그리고 그것도 모자라 다시 매도포지션을 구축했다! 상당한 포지션을 뒤집고, 포지션을 전환하자마자 시장이 크게 불리하게 움직이는 것을 보고 바로 다음 날 다시 포지션을 뒤집었다. 포지션에 대한 충성도 결여가 상상 이상이어야 가능한 결정이다.

좋은 트레이더는 자신이 틀렸다고 생각하면 포지션을 청산하고 뛰어난 트레이더는 더 나아가 반대 포지션을 구축한다. 트레이더로서 성공하고 싶다면 기존 포지션에 충성해서는 안 된다.

잘못된 전략은 수정한다

2011년 제이미 마이Jamie Mai의 최대 매도 거래에서 보듯 유연성이 있다는 것, 다시 말해 포지션에 충성하지 않는다는 것은 트레이딩에 진입할 때도 해당된다. 제이미 마이는 뛰어난 위험 대비 수익 비율을 자랑하는 헤지펀드 콘월 캐피털Cornwall Capital의 포트폴리오 매니저다. 콘월 캐피털은 마이클 루이스Michael Lewis의 역작《빅숏》에 소개된 것처럼 서브프라임 모기지를 담보로 한 유가증권에 대해 매도포지션을 취해 큰 수익을 올렸다. 내가 마이를 알게 되어《헤지펀드 시장의 마법사들》을 준비하며 인터뷰한 것도 루이스가 쓴《빅숏》덕분이었다.

2011년, 마이는 세계 최대 석탄 생산국이자 소비국인 중국이 순수출국에서 순수입국으로 전환했고, 순수입 추세가 점차 빨라지고 있다는 사실에 주목했다. 중국의 석탄 수출량이 1억 톤에서 0으로 감소하기까지 10년이 걸린 반면 수입이 1억 톤에서 1.5배 증가하는 데는 단 2년밖에 걸리지 않았다. 마이는 이처럼 가파르고 둔화될 줄 모르는 석탄 수입 증가세가 건화물dry bulk 운송 수요 급증으로 이어질 것이라고 예상했다. 게다가 건화물 운송업체들의 주가는 현금흐름 대비 저평가된 상태였다. 이런 주식에 대해 매수포지션을 취하는 것은 대개 완벽한 전략으로 보인다. 하지만 사모펀드 출신인 마이는 매우 신중하게 포지션을 취했다. 모든 전략은 실행에 옮기기 전에 반드시 철저한 조사와 분석을 거쳤다.

더 깊이 파고든 마이는 신흥국 시장에서 원자재상품 수요가 증가하며 운임이 상승했고 그것이 몇 년 전 조선업 호황으로 이어졌으며 그때 건조된 화물 운반선들이 막 운항을 시작하면서 선복량fleet capacity[22]이 연간 약 20퍼센트 증가했다는 사실을 알아냈다. 마이는 중국의 화물선 수요를 최대한 낙관적으로 전망해도 건화물선의 선복량 과잉이 상당할 것이라는 사실을 깨달았다. 애초에 건화물 운송업체들에 대해 매수포지션을 취하려던 생각에서 출발한 리서치였지만 마이는 결국 외가격out-of-the money[23] 풋을 사서 반대 방향인 매도포지션을 구축했다. 그해 회사의 전체 매매 가운데 가장 강한 확신을 하고 단행한 매도 트레이딩이었다.

떠벌리지 말 것

이 장의 주제와 크게 관련은 없지만 시장에 대한 자신의 예측을 떠벌리는 것은 크게 경계해야 한다. 어째서일까? 시장을 보는 감각으로 남들에게 깊은 인상을 주려는 의도일지 모르지만, 자신의 예상을 공공연하게 선언하면 스스로 그 예측에 몰입하게 되는 경향이 있다.

서서히 움직이는 가격과 시장에서 관찰되는 사실들이 예상

---

22. 선박의 적재 가능 중량. 공급 상황을 나타내는 지표로 쓰인다.
23. 행사가격이 기초자산의 가격보다 낮은 풋옵션.

에 반한다고 느끼더라도 자신의 생각을 밖으로 알린 상황에서는 그렇지 않은 경우보다 관점을 바꾸기를 주저하게 된다. 원래 예측이 여전히 옳다는 것을 뒷받침할 온갖 이유를 찾게 되는 것이다. 폴 튜더 존스도 시장에 대해 공개적으로 밝힌 의견이 트레이딩에 영향을 미친다는 사실을 인식하고 이렇게 말했다. "시장에 대해 공식적으로 의견을 밝혀서 그것이 판단에 영향을 미치는 일은 없게 하려고 합니다."

트레이딩을 시작한 초창기에 에드 세이코타는 자신의 의견을 공공연하게 피력함으로써 함정에 빠졌다. 세이코타는 여러 친구들에게 은 가격이 계속해서 오를 것이라고 말했다. 은 가격이 하락했지만, 그는 자신이 틀렸다는 시장의 모든 징후를 여전히 무시한 채 일시적인 조정일 뿐이라고 스스로를 다독였다. 세이코타는 당시를 이렇게 떠올렸다. "틀려서는 안 되는 상황이었죠."

다행히 잠재의식이 그를 구했다. 대형 은색 비행기가 아래로 향하더니 곤두박질치는 꿈을 계속해서 꾸었던 것이다. 세이코타는 메시지를 얻었다. "결국 은에 대한 매수포지션을 모두 정리했어요. 심지어 매도포지션을 취했더니 더 이상 같은 꿈을 꾸지 않았죠."

Chapter 15

규모가
중요하다

블랙잭과 마찬가지로 트레이딩에서도 이길 확률이 높은 매매는
규모를 키우고, 확률이 낮은 매매는 포지션을 작게 취하거나
전혀 진입하지 않음으로써 지는 전략을 이기는 전략으로
바꾸는 것이 가능하다.

베팅 크기의 힘

에드워드 소프Edward Thorp의 투자 성적은 가히 역대 최고 수준이다. 그가 설립한 프린스턴 뉴포트 파트너스Princeton Newport Partners는 19년 동안 연평균 19.1퍼센트 수익률(수수료 차감 후 15.1퍼센트)을 달성했다. 더욱 인상적인 사실은 이러한 수익률이 놀랍도록 일관적이었다는 것이다. 그는 총 230개월 중 227개월 동안 수익을 달성했고 수익률이 가장 나빴던 달에도 손실은 1퍼센트 미만이었다. 두 번째 펀드인 리지라인 파트너스Ridgeline Partners는 10년간 연평균 21퍼센트 수익률을 기록했고 변동성은 연평균 7퍼센트에 불과했다.

에드워드 소프의 본업은 수학교수였지만, 그는 시장에 흥미를 갖기 전에 부업으로 카지노를 이기는 방법을 개발했다. 모두가 불가능하다고 여긴 일이었다. 애초에 플레이어가 불리하도록 만들어진 게임에서 이기는 전략을 찾는 것이 어떻게 가능하겠는가? 수학교수가 그처럼 허황된 목표에 시간을 투자할 리는 없다고 생각할지도 모른다. 그러나 소프는 완전히 독특한 방식으로 문제에 접근했다. 룰렛의 경우, 그는 클로드 섀넌Claude Shannon('정보 이론의 아버지'로 알려졌다.)과 함께 소형 컴퓨터를 만들어 룰렛 바퀴의 8개 구역 중 공이 떨어질 가능성이 가장 큰 구역을 뉴턴 물리학을 이용해 예측했다.

블랙잭의 경우 소프는 이길 확률이 낮은 판보다 확률이 높은 판에 더 크게 베팅해서 불리한 게임을 유리하게 바꿀 수 있다고 생각했다. 이러한 통찰력은 트레이딩에도 중요한 파장을 불러일으켰다. 포지션 크기를 달리해 성과를 향상시킬 수 있다는 뜻이기 때문이다.

블랙잭과 마찬가지로 트레이딩에서도 이길 확률이 높은 매매는 규모를 키우고, 확률이 낮은 매매는 포지션을 작게 취하거나 전혀 진입하지 않음으로써 지는 전략을 이기는 전략으로 바꾸는 것도 가능하다. 블랙잭과 달리 확률을 정확히 정의할 수는 없지만 트레이더로서 확률이 높은 매매와 낮은 매매는 구분할 수 있다. 자신 있는 매매일수록 더 좋은 성과를 내는 트레이더라면 자신감의 크기가 이길 확률의 역할을 대신할 수도 있다. 모든 매매에 동일한 금액을 베팅하는 대신 자신 있는 매매에서 더 큰 위험을 감수하고, 자신감이 적을수록 더 작은 위험을 감수해야 한다는 뜻이다.

마이클 마커스는 특히 포지션의 크기를 다양하게 한 것을 성공의 핵심 요인으로 꼽았다. 그는 펀더멘털, 차트 패턴 그리고 시장의 기조(뉴스에 대한 시장의 반응)가 함께 뒷받침할 때 성과가 훨씬 좋았다는 사실을 알았다. 이 세 가지 조건을 모두 충족할 경우에 한해 제한적으로 매매하는 편이 더 나을 것이었다. 그러나 그런 기회는 자주 오지 않았고 그의 표현에 따르면 '게임을 너무 즐긴' 나머지 인내심을 갖고 기다리기 어려웠다. "스스로 정한 기준보다 행위의 재미가 우선이었죠." 그는 이처럼 최적이 아닌 조건에서 실행한 매매가 결국 전체 수익률을 저해했을 수 있다고 인정했다.

"그럼에도 제가 살아남을 수 있었던 것은 모든 기준을 충족하는 기회가 있을 때 다른 매매에서 취한 포지션의 대여섯 배만큼 큰 규모로 포지션을 구축한 덕분이었습니다."

대형 포지션의 위험성

브로커로 일하던 초창기 시절, 폴 튜더 존스는 경력에서 가장 치명적인 매매를 경험했다. 당시 그는 면화시장에 투자한 투기성 계좌를 관리하고 있었다. 7월 근원물 계약의 가격은 박스권을 형성했고 존스는 400계약 매수포지션을 보유한 상태였다. 어느 날 그는 7월물 면화 가격이 박스권의 저점 밑으로 내려갔다가 곧 반등하는 모습을 지켜보았다. 존스는 그 박스권 안에 쌓인 손절 주문이 모두 처리되고 나면 시장이 급등할 것이라고 생각했다. 그는 우쭐한 기분으로 플로어 브로커에게 시장가보다 높은 가격에 100계약 매수를 주문했다. 당시로서는 큰 규모였다.

주문을 넣자마자 누군가 큰 소리로 외쳤다. "팔렸다!" 인도 가능한 면화 재고량 대부분을 보유한 회사의 브로커였다. 순간 존스는 그 회사가 자신의 7월물 계약을 상대로 비싼 가격에 면화 재고를 대량으로 떠넘겼다는 것, 그리고 차월물(10월물) 대비 프리미엄 400포인트는 곧 증발할 것임을 즉시 깨달았다. 자신이 시장의 잘못된 편에 서 있다는 것을 바로 파악한 존스는 플로어 브로커에게 보유한 계약을 가능한 한 전부 청산할 것을 주문했다. 시장은 폭락했고 60초 만에 하한가에서 거래가 중단됐다. 존스는 포지션의 절반도 청산하지 못했다.

다음 날 아침, 남은 포지션을 완전히 청산하기도 전에 다시 한 번 하한가에서 거래가 막혔다. 결국 존스는 그다음 날이 되어서야 나머지 포지션을 청산할 수 있었다. 그 가운데 일부 계약은 자신이 원했던 가격보다 무려 400포인트나 낮은 가격에 정리해야 했다.

존스는 그 매매로 입은 손실 규모보다 관리하는 자본의 크기에 비해 너무 많은 계약을 매매한 것이 문제였다고 말했다. 단일 거래로 관리 중인 계좌 자산의 약 60~70퍼센트를 잃었다. 존스는 고통스러웠던 당시 경험을 이렇게 회상했다. "완전히 의욕을 상실했어요. '이 일이 맞지 않는 거야. 더 이상 버틸 수 없을 것 같아.'라고 생각했죠. 너무 낙담해서 일을 그만두려고까지 했어요. … 그때 이런 생각이 떠올랐죠. '바보야. 왜 한 번의 매매에 모든 것을 걸려고 하지? 고통을 찾아다닐 것이 아니라 행복을 추구해야 하는 것 아니야?'"

그 매매는 존스를 변화시킬 정도로 큰 충격을 주었다. 그는 매매로 얼마나 벌 수 있는지가 아니라 무엇을 잃게 될 것인지에 집중했다. 그는 훨씬 더 방어적으로 매매를 했다. 다시는 하나의 매매에 커다란 위험을 무릅쓰지 않기로 다짐했다.

브루스 코브너가 하루 만에 누적 수익의 절반을 날린 재앙과도 같은 매매도 과잉매매overtrading가 문제였다. 17장에서 자세히 설명하겠지만 코브너는 이 매매를 계기로 포지션을 작게 유지한다는 원칙을 세웠다. 코브너는 많은 초보 트레이더들이 너무 큰 규모로 매매를 한다고 염려한다. 그는 다음과 같이 조언한다. "작게, 더 작게, 아주 작게. … 얼마가 됐든 자신이 생각하는 포지션의 크기보다 절반 이상 줄여야 합니다. 제 경험상 초보 트레이더들은 적정한 수준보다 세 배에서 다섯 배까지 크게 포지션을 취합니다. 계좌 잔고의 1~2퍼센트 위험만 부담해야 하는 단일거래에서 5~10퍼센트까지도 위험을 감수하고 있더군요."

코브너는 트레이더 30여 명을 양성하려고 했지만 좋은 트레이더의 자질을 갖춘 사람은 그중 다섯 명 정도에 불과했다고 말했다. 나는 그에게 트레이더 가운데 성공하지 못한 다수와 성공한 소수 사이에 어떤 차이점이 있는지 물었다. 코브너가 강조한 차이점 중 하나는 성공한 사람들의 경우 정확한 포지션 규모를 설정하는 데 매우 엄격했다는 것이다. "탐욕에 빠지면 결국 파산합니다."

런던에 본사를 둔 옴니 글로벌 펀드Omni Global Fund①는 뛰어난 위험 대비 수익 비율 실적을 자랑하는 전략을 구사한다. 펀드의 포트폴리오 매니저 스티브 클락Steve Clark은 '감정의 역량' 범위 안에서만 매매해야 한다고 강조한다. 그렇지 않으면 무의미한 조정에도 좋은 매매를 정리하기 쉽고, 이겼을 수도 있는 매매에서 질 수 있다. 클라크는 아침에 눈을 떠 포지션이 걱정된다면 그것은 포지션이 과도하게 크다는 확실한 신호라고 말한다.

리처드 데니스Richard Dennis와 윌리엄 에크하르트가 길러낸 유명한 '터틀즈The Turtles' 출신 견습생 가운데 특히 뛰어난 성과를 거둔 하워드 세이들러Howard Seidler는 트레이딩 초창기 시절 '감정의 역량'을 넘어선 트레이딩으로 교훈을 얻었다. 매도포지션을 취한 뒤 시장이 유리한 방향으로 움직이기 시작하자 세이들러는 포지션을 두 배로 늘리기로 결정했다.

그러나 곧 시장이 다시 반등하기 시작했다. 상승폭이 크지는 않았지만 포지션 규모가 두 배로 확대됐기 때문에 손실을 걱정한 세이들러는 추가로 들어간 포지션뿐만 아니라 기존 포지션까지 청산했다.

이틀 뒤 당초 예상대로 시장은 급락했다. 원래 포지션을 유지했다면 큰 이익을 냈겠지만 포지션을 지나치게 크게 늘린 뒤 과잉반응을 한 탓에 이익을 낼 기회 전체를 놓쳤다. 세이들러는 이렇게 말했다. "트레이더로 성공하려면 반드시 배워야 할 확실한 교훈이 몇 가지 있습니다. 그중 하나는 시장에 두려움이 생길 정도로 가진 자본에 비해 큰 규모로 트레이딩을 한다면, 이길 수 없다는 겁니다."

마티 슈워츠는 수익이 나기 시작했을 때 너무 빨리 포지션 크기를 키워서는 안 된다고 경고했다. "대부분 돈을 벌기 시작하자마자 베팅 금액을 늘리는 실수를 범합니다. 빈털터리가 되는 지름길이죠." 그는 매매 규모를 키우기 전에 자본이 최소한 두 배가 될 때까지 기다리라고 조언한다.

가속 페달을 밟아야 할 때

규모를 지나치게 키우는 것은 트레이더들이 실패하는 가장 흔한 이유 중 하나지만, 큰 규모의 거래가 정당화되고 심지어 바람직한 경우도 있다. 스탠리 드러켄밀러는 조지 소로스로부터 배운 특히 중요한 교훈을 소개했다. "판단이 옳았는지 여부는 중요하지 않습니다. **판단이 옳았을 때 얼마나 많이 벌고 틀렸을 때는 얼마나 많은 손실이 발생하는지가 중요하죠.**" 그는 소로스로부터 몇 차례 질책을 받는데 모두 그의 판단이 옳았지만 '기회를 극대화'하지 않았을 때였다.

드러켄밀러는 소로스의 펀드에서 일하기 시작한 직후 있었던 일화를 소개했다. 당시 드러켄밀러는 독일 마르크화 대비 달러화의 약세를 예상해 나름대로 커다란 포지션을 취했다. 시장이 유리한 방향으로 움직이기 시작하자 드러켄밀러는 뿌듯한 기분이었다. 소로스가 드러켄밀러의 사무실로 찾아와 그 매매에 대해 이야기했다.

"보유한 포지션 크기가 얼마나 되지?" 소로스가 물었다.

"10억 달러입니다." 드러켄밀러가 대답했다.

"그걸 포지션이라고 하는 건가?" 소로스가 무시하듯 말했다. 소로스는 드러켄밀러에게 포지션을 두 배로 늘리도록 권고했고 시장은 더욱 극적으로 그에게 유리하게 전개되었다.

소로스는 드러켄밀러에게 이렇게 가르쳤다. "엄청난 확신이 있다면 한방을 노려야 해. 돼지가 되려면 용기가 필요하지."

아직 소로스 매니지먼트에 입사하기 전이었지만 미국, 영국, 서독, 프랑스 그리고 일본이 주요 통화 대비 미 달러화를 평가 절하하기로 정책적 연합을 이룬 1985년, 플라자 합의의 여파로 소로스에게 어떤 일이 일어났는지는 들어 알고 있었다. 합의가 진행될 당시 소로스는 엔화에 대해 상당한 매수 포지션을 취한 상태였고, 사무실의 다른 트레이더들도 그의 포지션에 편승했다. 합의가 마무리된 후 월요일 아침 장이 시작되자 엔화는 800포인트 상승했다. 소로스 매니지먼트의 트레이더들은 뜻밖에 믿어지지 않을 만큼 커다란 이익이 발생하자 앞다투어 이익을 실현했다. 소로스는 사무실 문을 박차고 나와 자기가 모든 포지션을 떠안을 테니 엔화를 팔지 말라고 말했다.

드러켄밀러는 이 일화에서 교훈을 얻었다. "다른 트레이더들이 생애 최대 이익을 실현하며 자축하는 동안 소로스는 큰 그림을 보고 있었죠. 방금 정부에서 앞으로 1년 동안 달러가 하락할 것이라고 말해주었는데 돼지처럼 게걸스럽게 (엔화를) 더 사야 하는 게 맞지 않겠습니까?"

이 장의 교훈에 유의해야 한다. 중요한 것은 공격적으로 대규모 매매에 나서라는 것이 아니라, **'상당히 강한 확신'이 있을 때**

는 더 큰 포지션을 취하기를 주저하지 않아야 한다는 것이다.

시장의 변동성과 매매 규모

상당히 많은 트레이더들이 시장 환경과 관계없이 포지션 크기를 동일하게 가져간다. 그러나 처음부터 끝까지 위험의 크기를 거의 동일하게 유지하려는 의도라면 시장 변동성의 유의미한 변화에 따라 포지션 크기를 조정할 필요가 있다.

2008년 콤 오셔는 위험을 절반으로 줄였다는 매니저들을 종종 마주쳤다고 회상했다. 오셔가 "절반이라니, 꽤 크네요." 라고 반응하면 그들은 "그렇죠. 레버리지가 1대 4였는데 지금은 1대 2입니다."라고 대답했다. 오셔는 그때마다 이렇게 말했다. "변동성이 다섯 배 증가한 것은 알고 계시죠?" 매니저들은 위험을 줄였다고 생각했지만 변동성을 조정하면 실제로는 위험이 확대된 상황이었다.

포지션의 상관관계와 매매 규모

동전 던지기와는 달리 각각의 포지션은 별개의 것이 아니다. 때로는 독립적일 수도 있지만 대개 밀접하게 연관되어 있다. 서로 다른 포지션이 양의 상관관계를 가질 때 포트폴리오 전체적으로 일정 규모 이상의 손실이 발생할 가능성도 높아진다. 각 포지션에서 동시에 손실이 발생하는 경향이 있기 때문이다. 서로 다른 포지션이 양의 상관관계를 가질 때는 이처럼 더 큰 위험을 감안해 개별 포지션의 크기를 줄여야 한다.

에드워드 소프는 오랜 기간 다양한 차익거래 전략을 트레이딩에 적용한 뒤 추세 추종 전략을 개발해 활용했다. 위험 대비 수익 성과가 다른 추세 추종자들에 비해 훨씬 뛰어날 수 있었던 이유를 묻자 그는 상관관계를 감안해 위험을 줄이는 전략을 도입한 것을 하나의 요인으로 꼽았다. "상관관계가 있는 시장에 대한 노출을 줄이는 상관관계 매트릭스를 이용해 매매를 했습니다. 밀접한 상관관계를 가진 두 시장에 대해 시스템상에서 한 쪽은 매수, 다른 한 쪽은 매도포지션을 취한다면 훌륭합니다. 하지만 시스템이 둘 다 매수하거나 매도하려고 한다면 각 포지션을 작은 규모로만 가져갑니다."

Chapter 16

불편함을
추구하라

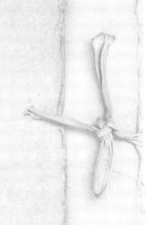

미리 선정해둔 종목 중에서 투자할 종목을 선택하게 한 결과,
투자자들이 '직접 구성한' 포트폴리오의 수익률은 무작위로
구성한 것보다 나빴다.

– 조엘 그린블랫

시장을 이기는 원숭이

윌리엄 에크하르트는 편안함을 추구하려는 인간의 타고난 본성이 트레이딩을 하는 사람들로 하여금 무작위보다 못한 판단을 내리도록 이끈다고 생각한다. 확실히 해둘 것이 있다. 잘 알려진 것처럼 경제학자 버튼 말키엘Burton Malkiel은 "원숭이가 눈을 가리고 신문 금융 면에 다트를 던져 종목을 골라 포트폴리오를 구성해도 전문가들이 신중하게 선택한 종목들로 이루어진 포트폴리오에 맞먹는 수익률을 낼 수 있다."라고 주장했다. 시장을 이기려는 시도를 어리석다고 조롱하는 사람들도 다양한 방식으로 이 주제를 흔히 언급한다.

에크하르트가 하려는 말은 조금 다르다. 그는 원숭이가 전문 펀드매니저만큼이나 잘 할 수 있다고 말하지 않는다. 오히려 원숭이가 더 낫다는 것이다.

기분을 좋게 만드는 일은 대개 해서는 안 되는 일이다.
– 윌리엄 에크하르트

어째서 원숭이가 더 나을까? 인간은 편안함을 추구하도록 진화했고, 시장은 편안함에 보상을 주지 않기 때문이다. 시장에서 편안함을 추구한다는 것은 감정적으로 만족스러운 일을 한다는 뜻이다. 에크하르트는 "기분을 좋게 만드는 일은 대개 해서는 안 되는 일입니다."라고 강조했다. 그는 과거 트레이딩 파트너였던 리처드 데니스의 말을 인용했다. "기분을 좋게 만드는 일은 하지 말아야 합니다."

시장이 약세일 때 매수하고 강세일 때 매도하는 것은 싸게 사서 비싸게 팔려는 인간의 타고난 욕구 때문이다. 에크하르트는 이것을 '역추세의 유혹'이라고 일컫는다. 6개월 최저가에서 주식을 사면 지난 6개월 동안 같은 주식을 산 다른 사람들보다 똑똑한 사람이 된 것 같아 기분이 좋다. 이처럼 추세를 역행하는 접근법은 실행하는 순간에는 기분이 좋을지 몰라도 대다수 사람에게 패배를 안겨주고 심지어 재앙을 불러오는 전략이 될 것이다.

기분을 좋게 만드는 일은 또 있다. 에크하르트에 따르면 사람들은 작은 이익이 쉽게 사라지는 것을 보면서 즉시 이익을 실현해 현금화해야 한다고 배운다. 기분은 좋을지 몰라도 커다란 이익을 낼 능력을 저해하기 때문에 장기적으로는 도움이 되지 않는 일이다. 또한 같은 가격으로 매매를 하고 싶어 하는 성향 때문에 나쁜 매매를 버리지 못하고 매달린다. 충분히 오래 기다리면 언젠가는 처음 진입한 가격으로 되돌아온다고 기대하기 때문이다.

헐값 매수, 이익 실현, 손실을 회피할 목적의 보유 등 기분이 좋아지는 행동은 대개 잘못된 행동이다. 감정적으로 만족을 얻으려고 할 때 사람들은 대체로 무작위 선택보다 못한 결정을 하게 된다. 바로 이것이 다트를 던지는 원숭이가 더 나은 성과를 낼 수 있는 이유다.

에크하르트는 리처드 데니스의 직원 한 사람이 다양한 시장의 연말 가격을 맞히는 대회에 참가한 이야기를 들려주었다. 편견이 무작위보다 못한 판단으로 이끄는 것을 경험으로 보여주는 사례다. 직원은 연말 가격을 예측하는 대신 단순히 모든 시장의 현재 가격을 그대로 적어냈다. 그는 결국 수백 명의 경쟁자들을 제치고 상위 5위 안에 들었다. 즉, 95~99퍼센트에 해당하는 참가자들의 예측 결과가 무작위보다 나빴다는 뜻이다.

우연한 실험

조엘 그린블랫은 그의 저서 《주식시장을 이기는 작은 책》에서 주식의 가치를 바탕으로 순위를 매기는 지표를 제공했다. 그는 이 지표를 '마법공식'이라고 불렀는데 시장 지표를 과도하게 신빙하는 행태에 빗댄 이름이었지만 지표로서의 뛰어난 효과를 가리키는 명칭이기도 했다.

마법공식이 상당히 잘 맞는 것에 깊은 인상을 받은 그린블랫은 트레이딩 파트너 롭 골드스타인Rob Goldstein과 함께 마법공식이라는 이름의 웹사이트를 개설하고 공식에 따라 매긴 주식의 순위를 공개했다. 투자자들은 그 가운데서 직접 주식을 선택할 수 있었다. 그는 투자자들에게 일부 종목 비중을 지나치게 크게 가져가는 대신 전체 목록의 평균 성과에 근접할 수 있도록 최소 20~30개 종목을 선택할 것을 권장했다.

투자자들이 직접 주식을 고르는 대신 계좌의 운용을 맡기겠다고 선택하는 체크 박스도 있었다. 투자 목적으로 해당 웹사이트를 이용하는 사람들 중에서 원래 구상대로 직접 종목을 선택하겠다고 한 사람은 10퍼센트 미만에 불과했고 압도적으로 많은 사람이 위탁 운용을 택했다.

그린블랫은 투자자들이 직접 운용한 포트폴리오와 운용을 위탁한 포트폴리오의 성과를 추적해 비교했다. 둘 다 같은 집합에서 선택한 주식으로 구성한 포트폴리오였지만 첫 2년이 지난 뒤 위탁 운용 포트폴리오는 자체 운용 포트폴리오의 성과를 평균적으로 25퍼센트 앞섰다. 두 포트폴리오의 성과 차이는 개인의 종목 선택과 시점 선정의 영향을 반영한다. 개인에게 (집합에서 특정 종목을 선택하고 해당 주식의 매수 및 매도 시점을 선정하는 것까지) 모든 결정을 맡긴 포트폴리오의 성과는 목록을 구성하는 여러 주식에 동일한 금액을 분산 투자하고 진입과 청산 시점을 포착하려는 어떤 시도도 하지 않은 포트폴리오와 비교할 때 처참한 수준이었다.

나는 그린블랫에게 투자자가 스스로 결정을 내릴 때 성과가 훨씬 좋지 않았던 이유가 무엇이라고 생각하는지 물었다. 그린블랫은 이렇게 대답했다. "사람들은 시장이 하락하자 노출을 줄였습니다. 개별 종목이나 포트폴리오 전체 수익률이 저조하면 매도하는 경향이 있었죠. 미리 선정해둔 종목 중에서 투자할 종목을 선택하게 했는데, 무작위로 선택한 것보다 결과가 나빴습니다. 보유하기에 특히 고통스러운 종목을 외면한 탓에 최고 수익률을 낸 일부 종목들을 놓쳤기 때문입니다." 한마디로 말하면 마음 편하자고 내린 결정이 문제였다는 뜻이 아닐까?

의도하지는 않았지만 그린블랫은 통제 그룹 실험을 실시한 셈이다. 이 실험은 시장에서 인간의 판단이 개입한 결과를 잘 정의된 벤치마크, 즉 종목 선정이나 시점 포착 없이 주어진 종목들로 투자를 다각화한 포트폴리오와 비교해 보여주었다. '무작위'로 주식을 선택한 뒤 각 종목에 '동일한 금액'을 투자하고 '시점을 포착할 필요 없이' 매수 후 보유 전략을 적용했다면, 투자자들은 (표본변이sampling variation[24]는 있겠지만) 벤치마크와 동일한 기대수익률을 달성했을 것이다.

미리 선택해둔 종목의 집합에 원숭이가 다트를 던져 만든 포트폴리오 역시 벤치마크와 동일한 기대수익률을 달성할 것이다. 스스로 투자판단을 내리는 인간보다 원숭이가 수익률 면에서 더 뛰어날 것이라는 에크하르트의 주장은 그린블랫의 우연한 실험으로 현실에서 입증됐다.

행동경제학과 트레이딩

에크하르트는 시장 참여자 대다수가 패배하는 이유를 인간의 편향과 결부시킨다. 에크하르트는 이렇게 설명한다. "전반적으로 다수에게서 소수로 자본이 쏠리는 경향이 지속되고 있습니다. 결국 대다수는 집니다. 이것이 트레이더에게 시사하는 바는 이기려면 소수처럼 행동해야 한다는 것입니다. 일반

---

24. 같은 모집단에서 무작위법으로 같은 표본수를 가지는 표본을 다시 추출할 때 발생하는 변이를 말한다.

적인 인간의 습관과 성향을 트레이딩에 끌어들인다면 대다수에 속하게 되어 예외 없이 지고 말 것입니다."

에크하르트의 관찰은 사람들의 투자 판단이 본질적으로 비합리적이라는 것을 보여주는 행동경제학자들의 연구 결과와도 잘 맞아떨어진다. 전망이론prospect theory 분야의 선구자 대니얼 카너먼Daniel Kahneman과 아모스 트버스키Amos Tversky가 실시한 대표적인 실험에서 피험자들에게는 가상의 선택지 두 가지가 주어졌다.

한 가지는 3,000달러를 확실히 받는 것이었고 다른 한 가지는 80퍼센트 확률로 4,000달러를 받지만 아무것도 받지 못할 확률이 20퍼센트인 선택지였다.[①] 기대이익은 후자가 더 크지만(0.80×4,000달러=3,200달러) 압도적으로 많은 사람이 확실한 3,000달러를 선호했다. 카너먼과 트버스키는 질문을 바꿔 3,000달러를 잃는 확실한 경우와 80퍼센트 확률로 4,000달러를 잃지만 아무것도 잃지 않을 확률이 20퍼센트인 경우 중 한 가지를 선택하도록 했다. 대부분의 사람들은 도박을 택했다. 기대손실이 3,200달러로 3,000달러의 확실한 손실보다 큰 데도 불구하고 80퍼센트 확률로 4,000달러를 잃을 수 있는 경우를 선택한 것이다.

두 경우 모두 기대이익이 작고 기대손실이 큰 대안을 택했으므로 비합리적인 선택이다. 그렇다면 이유는 무엇일까? 이 실험은 위험과 이익에 관한 인간 행동의 특이성을 보여준다. 즉, 사람들은 이익을 선택할 때는 위험을 회피하고, 손실을 회피할 때는 위험을 무릅쓰는 경향이 있다. 이러한 특이성은 사람들이 손실이 확대되는 것을 방치하고 서둘러 이익을 실현하는 이유를 설명한다는 점에서 트레이딩과 큰 연관이 있다. "이익은 길게 가져가고 손실은 끊어내라."는 오래된 (그러나 여전히 유효한) 조언은 사실 대부분 사람들의 성향에 정면으로 위배된다.[2]

자동매매조차 감정에 영향을 받는 이유

감정을 바탕으로 한 의사결정에서 자유롭다고 가정하는 것이 합리적인 시스템 매매(즉, 컴퓨터로 처리하는 규칙 기반 매매)조차 감정적으로 위안을 추구할 때 성과가 저해된다는 사실이 흥미롭다. 시스템 매매에 접근하는 사람들은 일단 시스템의 규칙을 시험한 뒤 규칙에 따라 매매를 했을 때 감정적으로 불편할 만큼 커다란 평가금액 손실로 이어질 뻔했던 수많은 과거 사례를 발견하게 된다.

장기적으로는 수익을 내는 시스템의 경우도 마찬가지다. 그 결과 본능에 따라 시스템의 규칙을 수정하거나 과거의 부진한 성과를 완화할 규칙을 추가한다. 이 과정은 여러 차례 반복 가능해서 모의실험을 거칠 때마다 누적수익곡선 equity curve 은 더욱 완만해진다. 인간은 본능적으로 과거 가격 행태에 맞추어 시스템의 규칙을 최적화하려고 한다.

그 결과 최적화된 시스템은 '돈을 찍어내는 기계'처럼 보이는 수익곡선을 만들어 낼 것이다. 이렇게 고도로 최적화된 시스템으로 매매를 했다면 과거에 얼마나 좋은 성과를 냈을지 생각하며 마음이 편안해지는 것이다.

하지만 과거 실적을 향상시키기 위해 시스템을 최적화할수록 앞으로 좋은 성과를 낼 가능성은 낮아진다. 문제는 **시스템이 보여주는 인상적인 시뮬레이션 결과가 과거 가격에 대한 사후판단으로 달성된 것이라는 점이다. 미래의 가격은 다를 수밖에 없고, 과거 가격을 반영해 시스템의 규칙을 변경할수록 미래 가격에도 시스템이 효과를 발휘할 가능성은 낮아진다.** 다시 한번 강조하지만 감정적으로 위안을 얻으려는 인간의 본능은 부정적인 결과로 이어진다. 이것은 심지어 시스템 매매의 경우도 마찬가지다.

돈을 잃는 이유

이 장에서 전달하려는 교훈은 다음과 같다. 사람들이 돈을 잃는 이유는 대체로 기량이 부족해서(즉, 실력에서 우위를 차지하지 못해서)이기도 하지만 트레이딩(투자)에서 편안한 선택을 하려는 성향이 무작위보다 못한 결과를 낳기 때문이기도 하다. 인간의 본성에 이처럼 불리한 조건이 내재되어 있음을 인식하는 것은 단지 기분을 좋게 할 뿐 모든 면에서 잘못된 판단을 내리려는 유혹에 저항하는 첫걸음이다.

감정에
휘둘릴 때

아드레날린이 솟구친다면 뭔가 끔찍하게 잘못되었다는 뜻이다.
- 알렉스 호놀드

감정과 트레이딩의 관계

단독자유등반free solo climbing은 놀라운 스포츠다. 자유등반가는 아무런 보호장구 없이 등반에 나선다. 약 600미터 높이 수직 암벽을 로프도 없이 오르는 등반가를 상상해보라. 작은 실수도 치명적일 수밖에 없다. 이런 스포츠를 즐기는 사람은 아드레날린이 넘쳐날 것이라고 생각하겠지만 사실은 그렇지 않다.

세계 최고의 자유등반가로 알려진 알렉스 호놀드 Alex Honnold의 위업 중에는 요세미티 국립공원의 약 600미터 높이 수직 절벽인 하프 돔Half Dome 북서쪽 벽을 최초로 자유등반한 기록도 있다. 2011년 10월 10일, CBS 방송의 탐사보도 프로그램인 〈식스티 미닛츠60 Minutes〉에서 호놀드의 이야기를 다루었다. 취재기자 라라 로건Lara Logan이 호놀드에게 질문했다. "아드레날린이 솟구치는 것이 느껴지십니까?"

호놀드는 이렇게 대답했다. "아드레날린이 솟구치는 일은 없습니다. … 아드레날린이 솟구친다면 뭔가 끔찍하게 잘못되었다는 뜻입니다. … 모든 것은 아주 느려야 하고 통제된 상태여야 합니다."

전문 트레이더도 마찬가지다. 헐리우드에서 묘사하듯 아드레날린이 넘치고 높은 위험을 부담하는 매매는 보기에는 그럴싸할지 몰라도 성공과는 거리가 멀다.

비싼 놀이터

래리 하이트는 선물거래로 빈털터리가 된 경험이 있는 친구와 테니스를 치고 있었다. 친구는 시스템대로만 하는 래리를 이해할 수 없었다. "래리, 트레이딩 방식을 바꾸면 어때? 지루하지 않아?"

하이트는 이렇게 대답했다. "나는 재미있자고 트레이딩을 하는 게 아니야. 이기려고 하는 거지." 인간의 우수성을 모델화하는 자신의 연구를 활용해 트레이더들을 지도해온 찰스 포크너Charles Faulkner는 초창기 고객 가운데 특히 감정적이었던 어느 트레이더의 이야기를 들려주었다. 그 고객은 성공적인 시스템을 개발하고도 시스템을 따르지 못했다. 포크너는 그에게 시장에서 감정적으로 분리되는 몇 가지 기술을 가르쳐 주었다. 처음에는 그 기술이 통해서 트레이더는 시스템대로 매매하며 수익을 올렸다. 어느 날 두 사람이 함께 일을 하고 있었는데 트레이더는 단 몇 시간 만에 7,000달러를 벌었다. 자신의 도움이 확실히 성공했다는 생각에 포크너가 으쓱해하고 있을 때였다. 트레이더가 포크너를 돌아보며 단조로운 목소리로 말했다. "지루하네요."

결국 그는 가진 돈을 모두 잃었다. 포크너는 이렇게 정리했다. "감정적으로 거리를 두는 법은 알았지만 그 상태로 머물고 싶지 않았던 거죠." 이 이야기가 주는 교훈은 재미를 추구하기에 시장은 돈이 너무 많이 드는 곳이라는 사실이다.

반드시 이기려고 하면 이길 수 없다

자산운용사 듀케인 캐피털 매니지먼트를 차린 1981년, 스탠리 드러켄밀러는 드라이스데일 시큐리티 Drysdale Securities가 컨설팅 대가로 지급하는 월 1만 달러에 수입을 전적으로 의존하고 있었다. 1982년 5월 드라이스데일은 갑자기 사업을 접었다. 그 결과 드러켄밀러의 현금흐름에 문제가 생겼다. 당시 운용하던 자산 700만 달러에서 보수가 연간 7만 달러 발생했지만 간접비 부담만 연간 18만 달러였다. 회사가 보유한 자본은 겨우 5만 달러였다. 드라이스데일에서 버는 컨설팅 수입 없이는 운용사의 생존이 위협받는 상황이었다.

금리는 1년 전 사상 최고점을 기록한 뒤 후퇴했고 드러켄밀러는 앞으로도 금리의 하락세가 지속될 것이라고 절대적으로 확신했다. 드러켄밀러는 회사가 보유한 5만 달러를 전부 증거금으로 넣고 막대한 레버리지leverage, 차입투자를 동원해 미국 국채 선물에 대해 매수포지션을 취했다.[①] 말 그대로 회사 전체를 베팅한 것이다. 그러나 금리가 반등하기 시작하면서 드러켄밀러는 나흘 만에 모든 것을 잃었다. 불과 일주일 뒤 금리는 당시 순환주기의 최고점을 기록했다. 그 후로도 다시는 넘볼 수 없었을 만큼 높은 수준이었다. 드러켄밀러는 금리가 바닥에 있었던 1주일 동안 국채 선물을 사들였고 모든 것을 잃었다.

기막힌 타이밍이었다. 드러켄밀러의 분석은 절대적으로 옳았지만 매매의 바탕에 있었던 감정주의가 실패로 이어졌다. 레버리지를 과도하게 설정한 것, 그리고 회사를 살리겠다며 계획도 충분히 세우지 않은 채 마지막 시도를 감행한 것이 실패의 원인이었다. 절박함에서 비롯된 부주의한 매매에 시장이 보상을 주는 일은 거의 없다.

충동적 매매

충동적인 매매는 위험할 수 있다. 가장 고통스러웠던 매매를 떠올려달라는 질문에 시장의 마법사들이 자주 언급한 것은 충동적인 매매였다.

브루스 코브너가 생각하기에 단연코 최고로 고통스러웠으며 그를 '정신적 파산'에 이르게 한 매매 역시 충동적인 결정의 결과물이었다. 트레이더로서 초창기 시절이었던 1977년 대두는 공급이 부족한 상태였다. 코브너는 공급 부족과 지속적인 수요 강세를 감안할 때 신곡 출하 전에 대두가 바닥날지도 모른다는 공포가 형성될 것이라고 예상했다.

이 상황을 이용해 이익을 내기 위해 코브너는 과도하게 레버리지를 동원해 스프레드spread, 가격차이에 투자했다.

즉, 구곡old crop 7월물에 대해 매수포지션, 신곡new crop 11월물에 대해 매도포지션을 취한 것이다. 코브너는 공급 부족으로 인해 구곡 7월물의 가격 상승폭이 신곡 11월물에 비해 훨씬 가파를 것으로 기대했다. 코브너의 예상은 단순히 잘 맞춘 정도가 아니라 대단히 정확했다. 어느 순간부터 시장에서 대두 가격은 구곡의 주도로 연이어 상한가를 기록했다. 코브너의 이익도 급증했다.

어느 날 아침, 시장이 새로운 고점에 도달했을 때 브로커가 전화를 걸어왔다. 브로커는 흥분해서 "대두가 날아서 달까지 가겠어요!"라고 소리쳤다. "7월물은 상한가로 갈 것 같고 11월물도 확실히 그 뒤를 따를 겁니다. 11월물에 매도포지션을 유지하는 것은 어리석어요. 11월물 매도포지션을 정리하죠. 시장이 며칠 상한가를 달리면 훨씬 더 많은 돈을 벌 수 있어요." 코브너는 11월물 매도포지션만 청산하는 데 동의했고 결국 스프레드 포지션이 아닌 7월물 매수포지션만 취한 상태가 되었다.

나는 코브너에게 그 결정이 충동적이었는지 물었다. "그때는 제정신이 아니었죠."

불과 15분 뒤 브로커에게서 다시 전화가 왔다. 이번에는 넋이 나가 있었다. "뭐라고 해야 할지 모르겠는데, 시장이 하한가입니다!"

코브너는 충격에 빠졌다. 그는 브로커에게 7월물 계약을 청산하라고 소리쳤다. 다행히 몇 분간 하한가에서 벗어났을 때 시장에서 빠져나올 수 있었다. 그 후 시장은 올랐던 것만큼 빠르게 하락했다. 증거금을 크게 늘린 탓에, 당장 빠져나오지 않았다면 코브너의 손실은 전 재산 이상으로 확대되었을지도 모른다. 스프레드 포지션에서 매도포지션만 청산하는 데 동의한 뒤 같은 날 늦게나마 매수포지션까지 청산하는 사이 계좌의 자본은 반 토막이 났다.

코브너는 시장이 한창 공황 상태일 때 스프레드 포지션 가운데 매도포지션을 청산하겠다고 충동적으로 결정을 내린 것은 위험을 완전히 무시했다는 뜻이라고 시인했다. "스스로 합리적이라고 생각했는데 이성이 작동하지 않았다는 것을 깨닫고 크게 괴로웠습니다."

마이클 마커스가 특히 고통스러웠다고 기억하는 매매 역시 대두 시장에서 충동적으로 내린 결정과 관련이 있었다. 마커스는 1973년 강세장이 한창일 때 대두에 대해 매수포지션을 취했다. 당시 대두 가격은 직전 최고치의 세 배 수준이었다. 급등세가 지속되자 마커스는 충동적으로 포지션을 전부 청산해 이익을 실현했다. "추세에 머무르기보다는 근사해지고 싶었죠."

반면 같은 회사에서 마커스가 본보기로 삼아온 에드 세이코타는 기존 포지션을 유지했다. 추세가 반전될 기미가 보이지 않기 때문이다.

그 후 대두 시장은 12일 연속 상한가를 기록했다. 대두 시장에서 다시 상한가에 매수 주문이 몰린 이 기간에 자신은 포지션을 청산한 반면 세이코타는 여전히 포지션을 유지하고 있다는 사실에 마커스는 출근하기가 두려웠을 정도였다. 고통을 달래기 위해 항정신병 약물인 소라진을 복용한 날도 있었을 만큼 힘든 경험이었다.

마티 슈워츠는 사람들이 트레이딩으로 발생한 손실을 복구하기 위해 충동적으로 행동할 위험이 있다고 경고했다. "타격을 입으면 냉정을 잃게 됩니다. 대부분 즉시 상황을 돌이키려고 합니다. 더 크게 베팅을 하는 거죠. 손실을 단번에 전부 만회하려고 할수록 더 자주 실패할 수밖에 없습니다."

개인적인 경험에 비추어 볼 때 충동적인 매매는 다른 무엇보다 실패 확률이 높은 매매일 것이다. 어떤 접근법을 택했든 일단 전략을 세웠다면 계획을 고수해야 하고 충동적으로 결정을 내리는 일은 없어야 한다. 계획에 없던 매매, 즉 목표한 수익에 도달하기도 전에 이익을 실현하거나, 손절 지점에 이르기 전에 포지션을 정리하고, 친구나 소위 시장 전문가라는 사람들의 추천에 따라 실행에 옮기는 매매는 충동에 이끌린 결과이다.

직관과 충동은 다르다

충동적인 매매를 직관에 따른 매매와 혼동해서는 안 된다. 전자는 거의 예외 없이 나쁘지만 후자는 경험이 풍부한 트레이더라면 높은 확률로 성공할 수 있다. 직관에 신비하거나 미신적인 요소는 없다. 직관은 잠재의식 수준에서 이루어지는 경험이다. 시장이 특정 방향으로 움직일 것이라는 직감이 들

때 그것은 대개 유사한 과거 상황을 무의식적으로 인식한 결과이다.

> 바라는 일과 예상되는 일을 구분하는 것이 비결이다.
> – 익명의 트레이더

감정에 영향을 받으면 시장을 분석하고 판단을 내릴 때 객관성이 손상될 수 있다. 매수포지션을 취하고 있다면 그렇지 않았을 때에 비해 약세장으로 해석되었을 증거들을 못 본 체 하려는 경향이 클 것이다. 매수포지션을 취하고 가격 상승을 기대하는 상황에서는 예상되는 약세를 인정하기가 몹시 고통스러울 수 있다. 반면 매수포지션을 취하지 않았다면 시장이 상승하고 있다는 신호를 무시할 수도 있다. 줄곧 미뤄오다 이제야 진입하는 것은 가격이 더 낮았을 때 미리 사지 못한 실수를 인정하는 것이 되기 때문이다.

마지막으로, **시장이 더 오르거나 내릴 것이라고 공개적으로 언급했다면 자신의 예측과 상반된 증거를 인정하기 어렵다.** 이런 내적 제약은 의식적 분석conscious analysis과 판단을 방해하고, 받아들이기 불편한 증거를 인식하지 못하도록 방해할 수 있다. 그러나 잠재의식은 내적 제약에 의해 억제되지 않는다. 내가 인터뷰했던 익명을 요청한 트레이더는 이렇게 말했다. "바라는 일과 예상되는 일을 구분하는 것이 비결입니다."

'직관'은 간단히 말해 감정의 왜곡 때문에 방해받지 않고 과거 경험에 근거해 이용 가능한 정보를 객관적으로 합성한 결과라고 할 수 있다. 불행하게도 잠재의식을 의지대로 활용하는 것은 불가능하다. 그러나 직관을 통해 시장이 보인다면 그때는 직관에 귀를 기울여야 한다.

Chapter 18

역동적 매매
vs. 정적인 매매

시장이 내게 유리할 때는 언제나 이익을 일부 실현한다.
… 이렇게 하면 시장이 불리해지더라도 보유한 포지션이
작아졌기 때문에 큰 손실을 막을 수 있다.

– 지미 발로디마스

응용의 필요성

책에서 논의된 트레이딩 원칙은 대부분 (아마도 모두) 시대를 초월하지만 트레이딩 전략과 방법론은 상황에 맞게 응용할 필요가 있다. 콤 오셔에게 트레이딩에서 고수하는 특정한 규칙이 있는지 묻자 이렇게 대답했다. "위험과 관련된 지침을 활용하지만 규칙을 신뢰해서 따르는 것과는 다릅니다. **장기적으로 성공하는 트레이더는 규칙을 '응용'합니다.** 규칙을 활용한다고 해도 10년 뒤에 다시 본다면 그 규칙을 진작 어겼을 겁니다. 왜? 세상이 변했으니까요.

규칙은 특정한 시점의 시장에서만 통합니다. 실패한 트레이더에게도 효과적이고 훌륭한 규칙이 있었을 겁니다. 다만 더 이상 통하지 않았던 거죠. 실패하는 사람들은 한때 통했다는 이유로 똑같은 규칙을 고수하고, 전에 했던 방식 그대로인

데 손실을 보고 있다는 사실에 몹시 짜증이 나죠. 세상이 자기들만 남겨두고 앞으로 나아가고 있다는 사실을 깨닫지 못하는 겁니다."

규칙을 응용하는 트레이더가 장기적으로 성공한다.
– 콤 오셔

에드워드 소프가 소개한 사례는 성공한 트레이더들이 어떻게 상황에 따라 규칙을 응용하는지 보여준다. 소프는 오랜 세월 일을 하며 최초로 해낸 것들이 많은데 통계적 차익거래를 전략으로서 도입한 것도 그중 하나다. 통계적 차익거래는 시장 중립 전략의 일종으로, 시장을 추종하는 움직임과 기타 위험을 최소화하도록 포트폴리오의 균형을 추구한다. 저평가된 주식에 대해 매수포지션, 고평가된 주식에 매도포지션을 취하고 가격의 변화에 따라 보유한 포지션을 역동적으로 조정한다. 반드시 그런 것은 아니지만 대개 평균회귀mean reversion 전략을 이용해 어떤 주식이 저평가되었고 어떤 주식이 고평가 상태인지 판단한다.

1979년 소프는 한 가지 연구 활동을 시작하며 '지표 프로젝트'라고 이름을 붙였다. 개별 주식 가격에 대해 어느 정도 예측 능력이 있는 지표를 찾는 연구였다. 소프의 연구팀은 깜

짝실적, 배당성향, 주가 대비 장부가 비율book-to-price ratio 등 가능한 한 광범위하게 후보 지표를 조사했다. 한 연구원이 최근 등락폭이 특별히 컸던 종목들을 검토했고, 그것이 단기 주가 예측에 가장 효과적인 지표라는 사실을 발견했다. 기본적으로 주가상승률 기준 상위 종목들은 그 후 시장수익률을 밑도는 성적을 냈고 주가하락률 상위 종목들은 시장 대비 초과 수익을 올렸다. 연구팀은 'most up, most down[25]'에서 머리글자를 따 이 전략의 이름을 '머드MUD'라고 지었다.

전략을 구체화하는 작업에 착수한 소프는 주식시장에서 매수와 매도포지션의 균형을 유지하는 방법으로 위험을 통제하려고 했다. 전략은 효과가 있었고 위험도 합리적으로 통제되었지만 위험 대비 수익 성과가 저하되기 시작했다. 이 시점에서 전략을 수정해 시장 중립적일 뿐만 아니라 섹터 중립적인 포트폴리오를 구성했다. 이렇게 구성한 섹터 중립적 모델마저 우위를 잃을 기미가 보이자 소프는 수학적으로 정의된 다양한 요소에 대해 포트폴리오를 중립화하는 전략으로 전환했다.

이 세 번째 버전을 채택할 즈음 시스템의 최초 버전은 현저히 퇴화했다. 필요에 따라 지속적으로 전략을 응용함으로

---

25. 가장 많이 오른 종목이 가장 많이 내린다는 의미로 만든 명칭이다.

써 소프는 탁월한 위험 대비 수익 성과를 유지할 수 있었다. 한 때는 훌륭하게 작동했던 최초 시스템에 안주했다면 수익은 결국 소멸되었을 것이다.

진입과 청산: 분할 vs. 단일 가격

포지션에 단번에 진입하거나 청산할 필요는 없다. 많은 트레이더가 진입 가격과 청산 가격을 각각 하나로 정하지만 일반적으로 포지션의 크기를 점차 늘리거나 줄여나가는 편이 더 좋은 성과를 낸다. 예를 들어, 시장이 더 상승할 것이라고 강하게 확신하지만 방금 가격이 급등했다. 시장의 장기적 방향성을 옳게 예측했다고 해도, 지금 사서 조정을 받는다면 초반 손실로 인해 포지션이 강제 청산될지도 모른다.

반면 조정을 기다리다가는 좋은 매매를 놓치고 가격 상승의 수혜를 전혀 누리지 못할 가능성도 있다. 트레이더들은 공통적으로 이와 같은 딜레마에 직면한다.

하지만 대안이 있다. 포지션을 일부만 구축한 뒤 가격이 하락할 때마다 조금씩 추가로 진입해 포지션을 마저 완성하는 것이다. 이렇게 접근하면 시장이 급등한 뒤 한꺼번에 매수포지션을 구축할 때 따라오는 위험을 피할 수 있다. 또한 시장이 계속 상승세를 타더라도 일부나마 포지션을 확보할 수 있다.

평균 진입 가격을 낮추면 장기적인 관점에서 좋은 매매임에도 불구하고 초반 손실 때문에 어쩔 수 없이 포기해야 하는 위험도 줄일 수 있다.

포지션을 청산할 때도 비슷하다. 매수포지션에서 큰 이익이 발생한 상태에서 이익을 반납하게 될까 봐 걱정한다고 가정하자. 포지션을 전부 청산했는데 시장은 계속해서 오를 경우 기회를 놓치고 상승세의 상당 부분을 누리지 못한다. 반면 포지션을 전부 붙들고 있다면 시장이 하락세로 반전할 경우 이익의 상당 부분을 반납하게 된다. 이때 대안으로써 포지션을 조금씩 줄여나가면 일부 포지션을 보유한 상태로 상승세를 탈 수 있다. 반대로 시장이 하락세로 돌아서더라도 반납하는 이익의 규모를 줄일 수 있다.

살로먼 브라더스Salomon Brothers의 글로벌 외환거래 전 책임자이자 외환 운용사 헤더세이지 캐피털 매니지먼트Hathersage Capital Management 포트폴리오 매니저 빌 립슈츠Bill Lipschutz는 장기간 보유해 큰 수익을 낸 좋은 매매에서 포지션을 유지할 수 있었던 것은 분할매매로 포지션 규모를 늘리거나 줄였기 때문이라고 설명했다. "그 덕분에 다른 많은 트레이더들보다 훨씬 오랫동안 미래의 승자들에 대해 포지션을 유지할 수 있었습니다."

전적으로 옳아야 한다는 유혹을 떨쳐야 한다. '전부 아니면 전무'라는 식의 결정을 피하라. 분할진입과 분할청산을 통해 최고의 성과를 내지는 못하겠지만 최악의 결과는 피할 수 있다.

포지션 중심 매매

트레이더들은 대체로 진입 시점(가격)과 청산 시점(가격)의 결정이라는 두 가지 단계로 트레이딩에 접근한다. 트레이딩은 정적인 과정이라기보다 진입과 청산 사이에서 벌어지는 동적인 과정으로 보는 편이 적절할 것이다.

퍼스트 뉴욕 시큐리티즈First New York Securities에서 프롭 트레이더proprietary trader로 크게 성공한 지미 발로디마스Jimmy Balodimas의 사례는 역동적인 트레이딩 과정을 누구보다 확실히 보여준다. 그는 정통파 트레이더와는 거리가 멀다. 나는《헤지펀드 시장의 마법사들》에서 지미 발로디마스의 이야기를 다음 문장으로 시작했다. "지미 발로디마스는 모든 투자 규칙을 거스른다." 실제로 그렇다. 그는 시장이 급등할 때 매도하고 급락할 때 매수한다. 손실이 나는 포지션은 늘리고 이익이 나는 포지션은 서둘러 청산한다. 발로디마스의 방법을 따라하라고 권하지는 않는다. 대다수 사람들에게 그것은 재정적 자살행위가 될 것이다.

그러나 그의 트레이딩 스타일에도 많은 사람들에게 도움이 될 한 가지 (단 한 가지다.) 요소가 있다. 아래에서 다루겠지만 발로디마스가 시장에서 잘못된 편에 있을 때조차도 순이익을 달성할 수 있었던 배경을 설명하는 것이 바로 이 특정 요소다.

발로디마스를 처음 만나 인터뷰를 한 날은 증시가 급락한 2011년 2월 22일이었다. 하루 전까지만 해도 2월은 매도포지션을 취한 사람들에게 특히 잔인한 달이었다. 시장이 거의 매일 고점을 경신했기 때문이다. 그러나 시장이 급락하는 데는 사흘도 채 걸리지 않았다. 발로디마스는 2월 내내 매도포지션을 크게 취한 상태였다. 22일 급락으로 시장은 그달 상승분을 절반 가까이 반납했지만 발로디마스에게는 2월 누적 손실 전부를 만회하고도 남을 만큼 이익이 발생했다. "시장에서 잘못된 편에 섰는데 어떻게 이익을 냈죠?" 그에게 건넨 처음 몇 가지 질문 중 하나였다.

그는 인터뷰 당시 매도포지션의 관점에서 이렇게 대답했다. "시장이 제게 유리할 때는 언제나 이익을 일부 실현합니다. … 이렇게 하면 시장이 상승하더라도 보유한 포지션이 작아졌기 때문에 큰 손실을 막을 수 있습니다. 트레이딩을 시작할 때부터 들인 습관입니다. 유리한 시장에서는 늘 이익을 일부 실현합니다. 늘. 항상, 반드시 그렇게 합니다."

발로디마스의 성공에서 핵심은 시장 변동에 대응해 포지션의 크기를 조정하는 것이다. (시장이 쉬어갈 때 매도포지션을 줄이고 시장이 상승할 때 다시 매도포지션을 구축해나간다.) 이 사례에서 보듯 그는 시장 추세의 반대편에 있을 때조차도 순이익을 낼 만큼 포지션을 중심으로 한 트레이딩에 능숙했다. 발로디마스의 타고난 재능을 따라잡기는 어렵겠지만 정적인 접근보다 역동적인 접근이 유리하다는 것은 많은 트레이더들도 알 수 있을 것이다.

역동적 접근법은 실전에서 어떤 식으로 활용될까? 이 접근법의 기본 개념은 이익이 날 때 포지션을 줄이고 그후 포지션이 조정을 받는 불리한 장세에서 오히려 포지션을 재구축하는 것이다. 먼저, 이익이 발생할 때 포지션의 규모를 조금씩 줄여가고 훗날 더 좋은 가격에 다시 진입한다면 이익을 누릴 수 있다. 앞서 일부 포지션을 청산하지 않았다면 실현되지 않았을 이익이다. 한편 최초 진입 가격과 최종 청산 가격을 감안한 가격의 순변동이 포지션에 유리하지 않은 상황에서도 여전히 이익을 누릴 수 있다. 보유한 포지션에 반대되는 매매(즉, 가격이 유리하게 움직일 때 포지션 노출을 줄이고 불리한 움직임이 나타나면 노출을 늘린다.)를 한 덕분이다.

가격이 유리하게 움직일 때 포지션의 노출을 줄이는 전략에는 또 한 가지 중요한 이점이 있다. 설령 조정을 받더라도 좋은 매매에서 강제 청산될 가능성이 줄어든다는 점이다. 일단 포지션을 줄이면 시장이 조정을 받아도 그 충격이 크지 않다. 게다가 청산한 포지션에 재진입할 기회가 주어진다는 점에서는 조정이 바람직하기까지 하다. 예를 들어, 매수가격 40, 목표주가 50, 저항선은 45로 예상되는 주식이 있다. 45에서 포지션의 노출을 줄인 뒤 조정이 올 때 전체 포지션을 다시 구축하는 전략이 가능하다. 이런 접근법으로 조정에도 포지션을 단단히 붙들고 버틸 수 있다. 반면 **정적인 접근법을 따를 경우 시장의 조정은 우려 요인이다. 그동안 발생한 평가이익이 모두 사라져 포지션이 완전히 청산될 가능성이 높아지기 때문이다.**

가격이 유리하게 움직일 때 조금씩 나누어 이익을 실현하고, 조정을 받을 때 원래대로 포지션을 복구하는 전략이 손해를 낳는 경우는 단 하나, 시장이 더 좋은 가격에 재진입할 기회를 주지 않고 원래 예상했던 유리한 방향으로 움직임을 지속하는 경우다. 하지만 이 경우에도 아직 보유 중인 포지션에서 당연히 큰 이익이 발생한다.

결론적으로 조정을 받더라도 이익을 키우고, 당초 예상한 방향으로 시장이 순조롭게 전개될 경우에는 이익의 일부를 실현하지 않고 포기한 대가로 좋은 매매에 포지션을 유지할 가능성을 높이는 것이 역동적 매매다. 포지션 중심 매매가 누구에게나 적합하지는 않겠지만 이 접근법이 도움이 될 사람도 있을 것이다.

Chapter 19

시장의 반응에 따라
전략을 수정하라

'내가 구상한 그림대로 움직일 수 있는 사람이 얼마나 남았을까?'
하고 스스로에게 질문해야 한다. 시장에서 자신의 구상이
이미 무력화된 것은 아닌지 반드시 생각해야 한다.

– 마이클 마커스

시장의 행태를 분석하라

　뉴스에 대한 시장의 반응이 일반적 기대와 다르다면 그 자체로 뉴스보다 더 중요한 의미를 지닐 수 있다. 마티 슈워츠는 친구 밥 조엘너Bob Zoellner에게서 시장의 행태를 분석하는 방법을 배웠다. 슈워츠는 기본 원칙을 이렇게 요약했다. "호재에도 시장이 하락한다면 시장이 상당히 약하다는 뜻이고 악재에도 시장이 상승하면 시장이 건강하다는 뜻입니다." 인터뷰를 통해 많은 트레이더들이 들려준 경험에서 나는 이 주제를 떠올렸다.

　　호재에도 시장이 하락한다면 시장이 상당히 약하다는 뜻이고 악
　　재에도 시장이 상승하면 시장이 건강하다는 뜻이다.
　　– 마티 슈워츠

금과 제1차 이라크전쟁

랜디 맥케이는 펀더멘털에 영향을 미치는 뉴스에 대한 시장의 반응을 자신의 트레이딩 방법에 반영했다. 맥케이가 펀더멘털을 활용한 방식은 이렇다. "'공급이 너무 많아서 시장이 하락하고 있다.'라는 식으로 생각하지 않았어요. 대신 펀더멘털에 영향을 미치는 정보에 시장이 어떻게 반응하는지 관찰했죠."

맥케이는 대표적인 사례로 1991년 1월 시작된 제1차 이라크전쟁, 즉 걸프전에 대한 금시장의 반응을 소개했다. 미국이 공습을 개시하기 전날 밤, 금은 심리적으로 중요한 저항선인 400달러 바로 아래서 거래되고 있었다. 공습 당일 밤, 금은 아시아 시장에서 400달러 선을 넘어 410달러까지 올랐다가 전쟁으로 인한 상승세를 시작하기 전보다 낮은 390달러까지 후퇴했다.

맥케이는 금값의 강세를 기대할 수 있는 뉴스를 접하고 나타난 하락세를 중요한 약세 신호로 보았다. 다음날 아침, 금은 미국 시장에서 급락했고 그 후 몇 달 동안 하락세를 지속했다.

주식에 관심을 갖게 된 맥케이

맥케이는 오래 전부터 뉴스에 대한 시장의 반응에 영향을 받아왔다. 9년 전인 1982년 그는 주식시장의 강세를 전망했다. 맥케이는 선물을 거래했고 주식을 매매한 경험은 전혀 없었다. 그러나 주식 계좌를 열지 않을 수 없을 만큼 증시에 대한 확신이 강력했다. 그에게 주식을 매매한 적이 없는데도 주가가 더 오를 것이라고 확신하게 된 배경을 물었다. "특별히 긍정적인 뉴스가 없는데도 시장이 거의 매일 오르고 있었어요. 오히려 뉴스만 보면 상당히 부정적이었죠. 인플레이션, 금리 그리고 실업률이 굉장히 높았으니까요." 펀더멘털은 표면적으로 약세였지만 주가는 꾸준히 상승했고 이러한 시장의 기조가 주가를 예측하는 결정적인 실마리였다.

달리오의 빗나간 예측

레이 달리오Ray Dalio[26]는 신입 시절 뉴스에 대한 시장의 반응에 깜짝 놀랐던 경험을 들려주었다. 1971년 달리오는 대학을 졸업한 뒤 뉴욕증권거래소에서 사무원으로 일하고 있었다. 8월 15일 리처드 닉슨 대통령은 금본위제 철폐를 발표했다. 미국의 통화 시스템에 격변을 일으키는 일이었다. 달리오는 이것이 시장에 부정적인 뉴스라고 생각했지만 의외로 시

---

26. 헤지펀드 브리지워터 어소시에이츠Bridgewater Associates 설립자.

장은 반등했다.

11년 후 미국은 경기침체에 빠졌고 실업률은 11퍼센트를 넘어섰으며 멕시코는 채무불이행default을 선언했다. 달리오는 미국 은행들이 상당한 규모의 중남미 대출을 보유 중이라는 것을 알고 있었다. 멕시코의 채무불이행은 당연히 주식시장에 심각한 뉴스라고 생각했다. 달리오의 예상은 완전히 빗나갔다. 멕시코의 채무불이행 선언 즈음 주식시장은 정확히 저점을 찍었고 그 후 18년 동안 상승세를 이어갔다.

시장의 반응이 예상과 완전히 어긋났던 두 차례 경험에 대해 달리오는 이렇게 말했다. "1971년 금본위제 폐지, 1982년 멕시코 채무불이행 사례를 통해 위기 상황이 중앙은행의 완화적 통화정책과 구제 조치로 이어지고 이런 상황 전개가 위기 자체의 영향을 집어삼킨다는 것을 배웠죠." 2008~2009년 금융위기 직후 목격한 강력한 상승장도 중앙은행의 적극적인 개입이 회복에 중요한 지원을 한 극적인 사례다.

직관과 반대되는 시장의 반응은 투자자들을 당황시킨다. 시장의 행태가 역설적으로 보이지만 이것은 뉴스를 미리 예측했고 따라서 다가올 사건의 영향을 할인해서 반영하기 때문이다.

1982년 중남미 채무불이행은 멕시코가 실제로 채무불이행을 선언하기 전부터 널리 예상된 사건이었다. 역설적이게도 예상한 사건이 실제로 발생하면 시장의 우려에서 벗어나고 주가는 예상과 반대로 움직인다. 중요한 부정적 뉴스일수록 긍정적 대응을 이끌어낼 수 있다는 점도 시장이 악재를 호재로 이용하는 현상을 설명한다. 예를 들면, 경제와 시장의 심리에 중대한 부정적 영향을 미치는 사건은 오히려 시장의 상승세로 이어질 중앙은행의 조치를 촉발할 수 있다.

낙관적인 보고서

펀더멘털에 영향을 미치는 뉴스에 대해 시장이 예상과 반대로 반응할 때 그 강도가 강력해야만 시장의 기조에 대한 신호가 되는 것은 아니다. 중대한 긍정적 혹은 부정적 사건이라고 예상한 사건에 대해 시장이 담담하게 반응한다면 그것도 역시 신호이다.

마이클 마커스는 이렇게 말했다. "'내가 구상한 그림대로 움직일 수 있는 사람이 얼마나 남았을까?' 하고 스스로에게 질문해야 합니다. 시장에서 자신의 구상이 이미 무력화된 것은 아닌지 반드시 생각해야 해요." "그걸 어떻게 평가하죠?" 내가 물었다.

마커스는 시장의 기조를 읽는 것이 관건이라고 설명했다. 그는 대표적 사례로 1970년대 후반 대두 시장의 강세와 관련된 경험을 언급했다. 당시 대두는 심각한 공급 부족 상태였고

정부가 발표하는 주간 수출 통계가 가격 상승을 견인했다. 최신 주간 통계 자료가 발표된 바로 다음날 마커스는 회사에서 전화가 걸려왔다. "좋은 소식과 나쁜 소식이 있습니다."

"그래, 좋은 소식은 뭐죠?" 마커스가 물었다.

"좋은 소식은 수출 계약 수치가 환상적이라는 겁니다. 나쁜 소식은 리미트 포지션limit position, 투기적 거래자에게 허용되는 최대 포지션 규모나 계약 수을 다 채우지 못했다는 것이고요."

보고서 내용은 앞으로 3일 연속 상한가를 예상하게 할 만큼 매우 낙관적이었다. 마커스는 매수포지션을 크게 취한 상태였고 보고서에 따르면 보유한 포지션에서 엄청난 투기적 이익을 실현하게 될 것이었다. 그럼에도 불구하고 투기적 거래자에게 허용되는 최대 수준까지 포지션을 보유하지 않았다는 사실에 기분이 좋지 않았다. 다음날 아침, 마커스는 주문을 넣어 장이 열리자마자 계약이 추가로 매수되도록 했다. 운이 좋다면 상한가에서 거래가 잠기기 전 잠시 동안 주문이 체결될 수도 있었다. "재미있는 광경을 기대하며 앉아서 기다렸죠."

예상대로 시장은 상한가로 출발했지만 얼마 지나지 않아 상한가에서 밀렸다. 전화벨이 울렸다. 마커스의 매수 주문이 모두 체결되었다는 브로커의 전화였다. 시장이 하락하기 시작했다. 불현 듯 사흘 동안 상한가를 치고 나가야 마땅한 대두가 첫날 아침조차 상한가에서 버티지 못했다는 사실을 깨달았다.

그는 즉시 브로커에게 전화를 걸어 미친 듯이 매도 주문을 넣었다. 너무 흥분한 나머지 얼마나 매도했는지도 몰라서 보유한 포지션 전부를 팔고 추가로 매도 주문을 넣어 순매도 포지션 상태가 되었다. 이 매도포지션은 훨씬 낮은 가격에 반대매매로 청산했다. "실수로 큰돈을 번 유일한 경험이었죠."

마커스의 이야기를 듣고 면화 시장에 20세기 가장 강력한 상승장이 펼쳐졌을 때 경험한 사건이 또렷하게 떠올랐다. 당시 면화 가격은 파운드당 1달러에 근접해 남북전쟁 이후 가장 높은 수준이었다. 나는 면화에 대해 매수포지션을 취하고 있었고 주간 수출 보고서에 따르면 대중국 수출 물량은 50만 배일을 기록했던 것으로 기억한다. 그때까지 본 것 중 가장 긍정적인 면화 수출 보고서였다. 다음날 아침 면화는 거래 시작과 함께 150포인트 상승했지만 상한가(200포인트 상승)에서 거래가 잠기는 대신 하락세로 돌아섰다. 그날의 시초가는 그 후 30년 동안 두 번 다시 볼 수 없었던 시장의 고점이었다.

드러켄밀러의 잘못된 판단

스탠리 드러켄밀러는 독일 마르크화에 대해 대규모 매수포지션을 구축했다. 베를린 장벽 붕괴와 독일 재통일의 여파로 독일이 확장적 재정 정책과 긴축 통화 정책(둘 다 강세 요인)

을 고수할 것이라는 전제였다. 그는 제1차 이라크전쟁이 시작되었을 때까지도 여전히 대규모 매수포지션을 취했다. 결과적으로 독일 마르크화에 대해 매수포지션을 취한 것은 매우 잘못된 선택이었다. 하지만 드러켄밀러는 오랫동안 고수한 낙관적 포지션을 포기하고 단 하루 만에 35억 달러어치 계약을 팔아치워 곧 닥칠 손실을 대부분 피할 수 있었다.

드러켄밀러에게 독일 마르크화에 대한 전망을 돌연 바꾸게 된 이유를 물었다. 그는 이렇게 설명했다. "미국의 대 이라크전쟁 초기에 안전자산을 향해 매수세가 몰리면서 미국 달러화를 뒷받침했습니다. 어느 날 아침, 후세인이 지상전을 개시하기 전에 항복할 것이라는 보도가 나왔어요. 미국 달러화가 독일 마르크화 대비 급격한 약세를 보여야 마땅한 뉴스였는데 달러화는 소폭 하락하는 데 그쳤죠. 그때 낌새를 느꼈죠."

무적의 포지션

2009년 마이클 플랫은 확대되는 수익률 곡선의 기울기가 가팔라질 경우(즉, 장기금리의 상승폭이나 하락폭이 단기금리보다 큰 경우) 이익을 기대할 수 있는 대규모 포지션을 구축했다. 하지만 악재가 잇따랐다. 매번 그 포지션 때문에 끝장날 거라고 생각했지만 늘 아무 일도 일어나지 않았다. 이런 과정이 여러 차례 반복되자 플랫은 어떤 뉴스가 나오더라도 수익률 곡선이 더 평탄해질 가능성은 없다고 생각했다. 그는 포지션을 네 배로 늘렸고 수익률 곡선의 기울기는 25포인트에서 210포인트까지 가팔라졌다(플랫은 중간쯤에서 이익을 실현했다). 그해 가장 큰 이익을 거둔 매매였다.

수중배구

상품거래 자문회사 데날리 에셋 매니지먼트Denali Asset Management의 포트폴리오 매니저 스콧 램지는 13년 동안 연평균 복리 순수익률 15퍼센트, 연평균 변동성[27] 11퍼센트를 달성했다. 램지는 시장이 위기를 헤쳐 나가는 능력을 수면 아래서 튀어 오르는 배구공에 비유했다. 유럽중앙은행이 아일랜드에 구제금융을 지원한 지 하루 만에 유럽과 미국 증시가 신고점을 경신한 것에 대해 램지는 이렇게 말했다. "배구공을 물속으로 밀어넣는다고 생각해보세요. 공을 짓누르는 힘이 바로 위기 사건입니다. 그런 다음 손을 떼면, 즉 사건이 사라지면 공은 물 밖으로 튀어 오르죠. 바로 이것이 우리가 시장에서 경험한 현상입니다." 램지는 이런 식의 가격 회복력price resilience을 시장에서

---

27. 과거 일정 기간 수익률의 표준편차.

'리스크 온risk on[28]' 분위기가 불거지고 시장이 상승세를 지속할 가능성이 크다는 신호로 받아들였다.

가장 강한 시장을 매수하고
가장 약한 시장을 매도하라

스콧 램지는 위기 상황에서 나타나는 상대적 강세가 시장을 예측하는 유용한 변수라고 믿는다. "위기 때 어떤 시장이 가장 강했는지 파악하는 단순한 연습만으로도 시장을 짓누르는 압력이 사라질 때 어떤 시장이 가장 먼저 앞서갈지, 즉 어떤 시장이 수면 위로 튀어 오르는 배구공이 될지 예측할 수 있습니다."

램지에게 시장의 상대적 강세는 위기가 발생했을 때뿐만이 아니라 모든 상황에서 중요한 요소다. 램지는 언제나 가장 강한 시장을 매수하고 가장 약한 시장을 매도하려고 한다. 예를 들어, 연방준비위원회의 2차 양적완화 조치가 종료되었을 때[29] 램지는 미국 달러화에서 다른 자산을 찾아 이동하던 자금의 흐름이 멈추고 다시 달러가 강세를 회복할 것으로 전망했다. 미국 달러화 대비 어떤 통화로 매도포지션을 잡을 것인지가 문

---

28. '리스크 온'은 위험감수 또는 위험자산 선호, '리스크 오프risk-off'는 위험회피를 뜻한다.
29. 2011년 6월 30일.

제였다. "동조 관계가 약한 통화는 터키 리라화였습니다." 리라화는 찬밥 신세인 달러화 대비 2년 내 최저점을 찍었다. 연방준비위원회가 미친 듯이 돈을 찍어내는 동안에도 달러화 대비 강세를 누리지 못했다면 어떻게 해도 가치가 상승하기 어렵다고 봐야 했다.

마이클 마커스도 가장 강한 시장을 매수하고 가장 약한 시장을 매도하라고 강조했다. "다른 모든 시장에 비해 상대적으로 지지부진한 시장에 분명히 베팅하고 싶을 겁니다. 멋진 호재가 있지만 상승하지 못하는 시장이라면 반드시 매도포지션으로 대응해야 합니다." 마커스는 인플레이션이 급격히 치솟았던 1970년대에 거의 모든 원자재상품 시장이 서로 발맞추어 움직인 사실을 떠올렸다. 하루는 거의 모든 원자재상품 시장이 상한가를 기록할 정도로 움직임이 특히 극단적이었다. 같은 날, 면화는 상한가로 출발했지만 투매sell-off가 나오면서 소폭 상승으로 마감했다.

마커스는 이렇게 말했다. "그것이 면화 시장의 고점이었습니다. 다른 시장은 상한가에서 매매가 중단되었지만 면화는 그 날의 빛을 두 번 다시 보지 못했죠." 초보 트레이더들은 대부분 업종에서 낙오된 시장을 사려고 한다. 아직 다른 시장처럼 움직이지 못했으니 위험 대비 잠재 수익이 가장 뛰어날 것이라는 전제이다. 마커스와 램지는 정확히 반대로 해야 한다고 말한다.

상관관계를 단서로 활용하라

여러 시장이 나란히 움직이는 시기가 있다. 이런 시기에 특정 시장이 관련된 시장의 가격 움직임에 예상대로 반응하지 않는다면 가격을 예측하는 데 중요한 단서가 될 수 있다. 램지는 2011년 9월 상품과 주식 가격의 상관관계가 완전히 깨진 사례를 소개했다.

2008년 금융위기 이후 시장이 '리스크 온'에서 '리스크 오프' 환경으로 달라지면서 과거에는 상관관계가 없던 시장들 사이에 높은 상관관계가 나타났다. 리스크 온 시기에는 주식, 상품, 외환(미국 달러화 대비) 시장이 모두 상승하는 경향이 있었다. 리스크 오프 시기에는 정확히 반대되는 가격 행태가 만연했다.

이러한 상관관계는 2011년 9월 중순쯤 완전히 무너졌다. 주가가 두 달 만에 최고 수준으로 반등한 반면 상품 가격의 대표적 선행지표인 구리는 연중 최저점에 근접했다. 주가 반등에 전혀 반응하지 않은 것이다. 램지는 이러한 가격 움직임을 전반적인 상품, 특히 구리 가격이 하락하기 쉬운 조건이라는 신호로 받아들였고 그 후 실제로 가격에 하락세가 나타났다.

3부

시장에서 온전히 살아남는 방법

Chapter 20

가치 있는
실수

잘 되는 방법을 더 많이 활용하고
잘 안 되는 방법은 그만둘 것.

- 스티브 클락

숫자는 거짓말을 하지 않는다

나는 진공청소기를 만들기 위해 시제품 5,127개를 만들었다. 즉, 5,126번 실패했다는 뜻이다. 하지만 그 실패를 통해 발견에 이르렀다.

– 제임스 다이슨James Dyson

나는 실패하지 않았다. 효과가 없는 방법 1만 가지를 찾아냈을 뿐이다.

– 토마스 에디슨Thomas Edison

성공보다 실수에서 더 많은 것을 배운다.

– 프리모 레비Primo Levi

레이 달리오의 핵심 철학을 한마디로 요약하면 '실수를 통한 개선'이라고 할 수 있을 것이다. 달리오는 실수를 사랑한다. 실수가 학습 경험이 되어 개선으로 이어진다고 믿기 때문이다. 실수가 진전에 이르는 경로를 제공한다는 신념은 달리오가 자신이 설립한 헤지펀드 브리지워터 어소시에이츠에 심어온 기업문화에도 스며들었다. 실수에 관해 언급할 때 달리오는 경건하기까지 하다.

"저는 실수에 대단한 아름다움이 있다는 것을 배웠습니다. 실수 하나하나마다 수수께끼와 그것을 풀었을 때 주어지는 보석(즉, 앞으로 실수를 줄이는 데 활용할 수 있는 원칙)이 들어있기 때문입니다. 실수 하나하나가 어쩌면 내가 (혹은 다른 사람들이) 무언가 잘못하고 있다는 사실을 반영하는 것일 수도 있다는 사실을 알게 됐습니다. 그것이 무엇인지 파악할 수 있다면 더 효과적인 방법도 배울 수 있을 것입니다. … 많은 사람이 실수를 나쁜 것으로 보는 것 같지만 저는 실수가 좋다고 믿습니다. 배움은 대부분 실수를 저지르고 되돌아보는 과정에서 얻어지기 때문입니다."

달리오는 브리지워터의 직원이라면 반드시 읽어야 하는 111쪽 분량의 문서에 그의 인생철학과 경영 이념을 정리했다. 두 부분으로 나뉘는 이 자료의 후반부에는 경영원칙 277개가 실려 있는데 당연히 실수와 관련된 원칙도 담고 있다.

- 배움으로 이어질 수 있다면 실수도 좋은 것임을 인식한다.
- 실패해도 괜찮지만 실수를 인지하고 분석해 배우지 못하는 것은 용납되지 않는 문화를 조성한다.
- 나 자신도 당연히 실수를 저지르고 내게도 약점이 있다는 사실을 인식한다. 내 주변 사람들, 나를 위해 일하는 사람들도 마찬가지다. 중요한 것은 실수를 대하는 태도이다. 잘 대처할 경우 빠른 개선으로 이어질 수 있는 배움의 기회로서 실수를 대한다면 실수도 기대되는 일이 될 것이다.
- 올바른 길로 가는 과정에서 틀리기를 마다하지 않는다면 많은 것을 배울 것이다.

마티 슈워츠는 실수에 대한 트레이더의 반응이 다른 분야의 사람들과는 다르다고 설명했다. "대체로 실수를 감추기에 급급한 반면 트레이더는 실수를 정면으로 마주할 수밖에 없습니다. 숫자는 거짓말을 하지 않기 때문이죠."

자신의 매매 분석하기

스티브 클락은 자신이 채용한 트레이더들에게 효과가 있는 방법과 없는 방법을 구분하기 위해 손익을 자세히 분석하라고 조언한다. 클락은 트레이더들이 어디에서 이익이 발생했는지 모르는 경우가 많다고 지적한다. 알면서도 그 정보를 무시하는 것인지도 모른다. 클락의 조언을 구하는 트레이더들은 한결같은 하소연을 한다. "제가 운용하고 있는 포지션들입니다. 여기서는 상당히 수익을 내고 있습니다만 유독 여기서 계속 손실이 납니다."

클락은 이렇게 조언했다. **"잘 되는 방법을 더 많이 활용하고 잘 안 되는 방법은 그만두세요."** 애매하게 들리겠지만 이처럼 단순한 원칙을 지키지 못하는 트레이더들이 놀랍게도 많다.

트레이더의 일지

많은 시장의 마법사들은 자신의 트레이딩을 기록하고 분석하는 것이 성공에 매우 중요했다고 증언했다. 레이 달리오는 브리지워터의 시스템도 이런 과정에서 유래했다고 밝혔다. "1980년경부터 매매를 할 때마다 그 이유를 노트에 기록하는 훈련을 해왔습니다. 포지션을 청산할 때는 실제로 어떤 일이 일어났는지 살펴보고 포지션에 진입할 때 기록한 제 추론 및 예상과 비교했죠."

랜디 맥케이는 일찌감치 성공을 거둘 수 있었던 이유를 트레이딩 분석을 일과로 정하고 엄격히 지킨 덕분이라고 돌렸다. 거래소 플로어에서 트레이딩을 하던 시절 시작한 절차였다. "초창기에 여러 방법을 시도했는데 제 매매 내역을 하나하나 분석한 것이 특히 효과가 있었습니다. 날마다 주문서를 복사해 집으로 가져가 검토했죠. 트레이더라면 수익이 난 매매, 손실을 본 매매가 수없이 많을 것입니다. 수익이 난 매매는 어째서 수익이 났고 손실을 본 매매는 어쩌다 손실을 봤는지 파악해야 합니다. 원인을 알면 좀 더 선별적인 매매가 가능해서 손실을 볼 가능성이 높은 매매를 피할 수 있습니다."

어떤 실수든 제대로 인식하고 대응한다면 트레이딩에 대한 접근법을 개선할 기회가 될 수 있다. 실수 하나하나마다 내역, 교훈 그리고 앞으로 트레이딩 과정에서 목표로 하는 변화를 기록으로 남기는 방법은 대부분의 트레이더에게 도움이 될 것이다. 매매 일지는 정기적으로 검토해 보강할 수 있다. **실수를 피할 수는 없지만 같은 실수를 반복하는 것은 흔히 성공과 실패를 가르는 요인이 된다.**

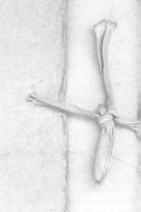

Chapter 21

어떤 방법으로
실행할 것인가

대단히 성공적인 매매였다. 근본적인 전제가
옳았기 때문이기도 하지만 그보다
실행 방식을 제대로 선택한 덕분이었다.

버블 이후의 트레이딩

트레이딩에서 어떤 방식으로 구상을 실행에 옮기느냐는 구상 자체보다 중요할 수 있다. 콤 오셔는 1999~2000년 초 나스닥 시장의 폭등을 거품으로 보았다. 2000년 3월 나스닥 지수가 가파르게 꺾이자 그는 시장이 유의미한 고점을 지났고 그동안 얻은 이익을 대부분 반납하게 될 것이라고 확신했다. 이런 예상에도 불구하고 오셔는 주식에 대해 매도포지션을 취할 생각은 절대로 하지 않았다. 왜였을까? 거품이 형성되는 시기에 주가는 전체 기간에 걸쳐 꽤 고르게 상승할 수 있지만 거품이 꺼진 뒤 하락세는 대개 위험천만한 '베어마켓 랠리bear market rally30'가 등장하며 간헐적으로 나타나기 때문이다.

---

30. 약세장에서의 일시적 반등.

오셔는 시장이 고점을 기록한 이후의 반향을 활용하면 주식에 대해 직접적으로 매도포지션을 취하는 것보다 훨씬 쉽겠다고 생각했다. 구체적으로 그는 자산가격의 광범위한 오류mispricing가 미국 경제를 인위적으로 부양했다고 추론했다. 일단 나스닥 거품이 꺼지자 오셔는 경기가 둔화될 것이 분명하다고 생각했다. 경기 약세는 결국 금리 하락으로 이어질 것이다. 그래서 오셔는 주식에 대해 매도포지션을 취하는 대신 채권에 대해 매수포지션을 취했다. 두 추세 모두 실현되었지만(즉, 주가도 하락하고 금리도 하락했다.) 큰 차이가 있었다. 오셔의 예상대로 주가는 오락가락하며 하락했지만 금리 하락(즉, 채권 가격 상승)은 비교적 매끄럽게 진행되었다는 점이다.

나스닥은 2000년 3월 고점을 기록한 뒤 2년 반에 걸쳐 80퍼센트 이상 하락했지만 그 기간 중에도 2000년 여름에는 40퍼센트 이상 반등했다. 오셔가 주가지수에 대해 매도포지션을 취하는 방식으로 자신의 추론을 실행했다면 예측은 맞았더라도 이때의 대대적인 베어마켓 랠리를 거치며 강제 청산되어 손실을 입었을 것이다. 오셔는 주식에 매도포지션을 취하는 대신 채권에 매수포지션을 취했고 채권시장은 꾸준히 상승했다.

대단히 성공적인 매매였다. 근본적인 전제가 옳았기 때문이기도 하지만 그보다 실행 방식을 제대로 선택한 덕분이었다.

옵션, 더 나은 선택

매매를 실행할 때 단순포지션outright position[31]을 취하는 것보다 옵션이 더 나은 수단이 될 때도 있다. 조엘 그린블랫이 소개한 웰스파고 시절 트레이딩 경험은 위험 대비 수익 측면에서 옵션 포지션이 단순 매수포지션보다 훨씬 뛰어난 성과를 낼 수 있다는 것을 보여주는 전형적인 사례다.

조엘 그린블랫은 이렇게 설명했다. "장기적으로 꾸준한 수수료 수입을 기대할 수 있는 사업을 벌이던 웰스파고는 1990년대 초 커다란 압박에 직면했습니다. 당시 부동산 시장 불황이 한창이던 캘리포니아에 상업용 부동산 대출이 집중된 탓이었죠. 가능성이 낮기는 했지만 부동산 시장의 불황이 너무 심각해서 장기적인 수수료 창출의 수혜가 투자자들에게 돌아가기도 전에 자본이 잠식될지도 모르는 일이었습니다.

하지만 살아남기만 한다면 주가는 당시 팽배하던 우려를 반영해 억눌린 수준인 80달러보다는 크게 오를 것이라고 기대할 수 있었죠. 저는 위험 대비 수익을 이분법적으로 생각했습니다. 웰스파고가 파산하면 주가는 80달러 하락할 테고 살아남으면 80달러 오르겠죠.

31.　매수나 매도 단독 포지션.

개별 종목 장기 옵션LEAPS: long-term equity anticipation securities을 매수하면 위험 대비 수익 관계를 1:1에서 1:5로 바꿀 수 있었습니다[32]. 은행이 살아남으면 주가는 두 배로 뛸 테고 옵션에서 다섯 배 수익을 거둘 수 있었습니다. 은행이 파산한다면 옵션을 사느라 지불한 비용만 잃겠죠. 은행이 살아남을 확률이 50퍼센트 이상이라고 생각했으니 웰스파고 주식은 매수 대상이었습니다.

하지만 위험 대비 수익을 고려했을 때 주식보다는 옵션이 훨씬 더 좋은 매수 대상이었죠. 주가는 결국 옵션 만기일 전에 두 배 이상 뛰었습니다."

---

32. 옵션의 레버리지 효과.

Chapter 22

시장이 쉽게
놓아준다면

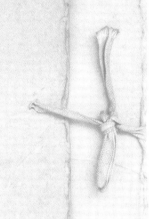

밤새, 특히 주말 동안 상당히 초조해하다 장이 열리고
매매가 재개되었을 때 자신이 예상한 가격보다 훨씬 더 좋은
가격에 포지션을 정리할 수 있는 상황이 전개된다면,
그때는 포지션을 유지하는 편이 더 낫다.

– 마티 슈워츠

고유한 견해

트레이딩과 관련된 조언 중에는 위험 관리의 중요성이나 규율의 필요성과 같이 본래 절대적으로 중요한 것들을 이야기할 때가 많다. 특히 내가 만나 인터뷰한 많은 트레이더가 공통적으로 언급한 것들이 있다. 하지만 이따금 과거에 누구도 언급한 적이 없는 통찰을 제시하는 트레이더도 있었다. 나는 이처럼 고유한 견해를 특히 좋아한다.

고유한 견해를 바탕으로 한 트레이딩 원칙이라는 조건에 완벽히 부합하는 것이 마티 슈워츠의 금언이다. 보유한 포지션 때문에 깊은 근심에 시달릴 때, 시장이 쉽게 벗어날 기회를 준다면 슈워츠는 이렇게 하라고 조언한다. "밤새, 특히 주말 동안 상당히 초조해하다 장이 열리고 매매가 재개되었을 때 자신이 예상한 가격보다 훨씬 더 좋은 가격에 포지션을 정리할 수 있는 상황이 전개된다면, 그때는 포지션을 유지하는 편이 더 낫습니다."

곤경에 처했을 때

빌 립슈츠의 경험은 슈워츠가 제시한 원칙의 실제 사례였다. 인터뷰에서 립슈츠는 그때까지 트레이딩을 해오면서 진심으로 두려움을 느낀 최초의 순간을 설명했다. 당시 그는 살로먼 브라더스에서 회사의 자기자본을 이용해 대규모로 외환을 매매했다.

1988년 가을, 립슈츠는 독일 마르크화 대비 미국 달러화의 약세를 예상했다. 시장의 변동성이 낮았기 때문에 포지션의 규모를 평소보다 훨씬 크게 키워 독일 마르크화 대비 30억 달러 매도포지션을 취했다. 그날은 금요일 오후였는데 미하일 고르바초프가 유엔 연설에서 소련이 병력 감축을 실시할 것이라고 발표했다. 시장은 이것을 미국이 국방비를 삭감할 가능성이 높아졌고 따라서 재정적자를 줄이는 데 도움이 될 것이라는 의미로 받아들였다. 이에 대한 반응으로 미국 달러화는 즉각 강세를 보이기 시작했다.

시장이 불리한 움직임을 지속할 것이라는 사실은 립슈츠도 충분히 예상했다. 할 수만 있었다면 포지션을 청산했겠지만 금요일 오후 장 후반 뉴욕시장에서는 늘 유동성이 부족했던 것을 감안하면 청산이 불가능한 규모였다. 포지션을 정리할 수 있으려면 유동성이 훨씬 큰 도쿄시장이 열리기를(뉴욕시간으로 일요일 저녁) 기다리는 것만이 유일한 방법이었다.

립슈츠의 전략은 유동성이 부족한 금요일 오후 장에서 미국 달러화가 독일 마르크화 대비 더 이상 강세를 기록하지 못하도록 하는 것이었다. 마르크화 대비 달러화의 가치를 떨어뜨리기 위해 립슈츠는 추가로 3억 달러 매도포지션을 잡았다. 시장은 이런 대형 주문을 스폰지처럼 흡수했다. 약세 기미는 전혀 없었다. 립슈츠는 심각한 곤경에 처했다는 것을 알았다.

사장에게 보고했다. "문제가 있습니다."

"무슨 일이지?" 사장이 물었다.

"달러에 대해 매도포지션을 취했는데 시장의 유동성을 잘못 판단했습니다. 달러화 강세를 억제하려고 했는데 잘 되지 않습니다. 처분할 수도 없습니다."

사장이 차분하게 물었다. "우리 상황은 지금 어떤가?"

"7,000만 달러에서 9,000만 달러쯤 잃었습니다." 립슈츠가 대답했다.

"계획이 있나?"

"도쿄 시장이 열리면 얼마에 거래되는지 보려고 합니다. 그때 포지션의 절반을 청산하고 거기서부터 시작할 생각입니다."

　립슈츠는 초조하게 주말을 보냈다. 일요일 밤, 도쿄 시장이 열렸고 달러화는 하락세를 보였다. 시장이 탈출할 기회를 준 것이다. 그러나 립슈츠는 도쿄 장 초반에 포지션의 절반을 청산하겠다는 계획을 접었다. 기다렸다. 달러화는 계속해서 하락했다. 결국 립슈츠는 유럽 시장에서 포지션 전체를 청산하고 1,800만 달러 손실을 확정했다. 금요일 오후 그보다 다섯 배 가까이 큰 손실이 발생했던 것을 감안하면 대단한 승리를 거둔 셈이었다.

　립슈츠에게 포지션 전부를 붙들고 있었던 이유를 물었다. 같은 처지였다면 대부분 좀 더 나은 가격에 시장을 빠져나갈 수 있다는 사실에 안도하며 도쿄 시장 개장과 함께 포지션을 전부 청산했을 것이다. 그는 이렇게 대답했다. "도쿄 시장이 열리고 청산하지 않은 이유요? 그렇게 하면 안 되니까요."

슈워츠 덕분에 모면한 손실

　슈워츠의 조언은 내 개인적인 트레이딩 경험에서도 특히 중요한 의미가 있다. 2011년 나스닥 지수는 6월 중순의 상대적 저점에서 급등해 7월 초에는 장기 상승 추세의 고점에 근접했다. 7월 실업률 보고서가 공개되기 전날 나스닥 선물시장은 반등 이후 최고점을 경신하고 마감했고, 다음 날 나올 발표에 대한 낙관적 전망이 우세하다는 것을 시사했다. 다음 날 실제로 발표된 보고서는 극단적으로 비관적인 전망을 담고 있었다. 실업률 보고서가 비관적이면 시장을 해설하는 사람들은 부득이하게 그럴 수밖에 없었던 통계나 요인을 찾기 마련이다.

그러나 이날 발표된 보고서는 해설자들조차 건설적인 요소를 전혀 찾을 수 없을 만큼 심각하게 부정적이었다. 시장은 급락으로 반응했고 그 후 몇 시간 동안 계속해서 하락했다. 그러더니 오후 장 초반부터 반등하기 시작해 장중 남은 시간 동안 꾸준히 상승했다. 장 마감 무렵에는 장중 저점 대비 75퍼센트 반등했다. 그날은 마침 금요일이어서 선물시장은 강세로 한 주를 마감했다. 최근 몇 년간 기록한 고점에서 크게 차이가 나지 않는 수준이었다.

당시 나는 중기 고점을 잡으려고 했기 때문에 그날 극단적인 매도포지션으로 나스닥 선물시장에 진입했다. 하지만 시장은 부정적인 뉴스의 영향을 보란 듯이 떨쳐냈고, 오히려 몇 년 간 기록했던 최고점에 가깝게 강세로 한 주를 마감했다. 극단적으로 낙관적인 움직임이었다. 객관적으로 평가할 때 내가 시장의 잘못된 편에 서 있을 가능성이 있음을 인정해야 했다. 나는 일요일 밤 선물시장이 강세로 출발해 또 다른 상승 구간에 들어설 것이라고 예상했다. 금요일에 있었던 가격 움직임을 감안하면 어쩔 수 없이 일요일 밤부터 월요일까지 포지션 대부분을 청산해야만 했다.

일요일 밤, 최악의 상황을 두려워했던 것과는 달리 시장은 초반 10분 만에 금요일 종가 대비 15포인트나 하락했다. 나는 슈워츠의 금언을 떠올리고 형식적으로 매도포지션의 10퍼센트만 청산했다. 월요일 아침 주식시장이 개장하자 선물시장은 더 크게 하락했고 그 후로도 계속해서 급락했다. 슈워츠의 조언으로 커다란 손실을 모면한 경험이었다.

> 시장이 수월하게 곤경에서 벗어나게 해준다면,
> 나올 때가 아니라는 뜻이다.

시장이 쉽게 놓아준다면 빠져나오지 않는다는 원칙은 다른 원칙보다 자주 효과를 발휘한다. 어째서일까? 밤새, 특히 주말 동안 어떤 포지션에 대해 깊은 근심에 시달렸다면 어떤 극적인 일이 벌어졌기 때문일 것이다. 보유한 포지션에 대해 예상하지 못한 부정적인 뉴스가 나왔을 수도 있다. 시장이 전고점을 강하게 돌파한 뒤 마감했는데 여전히 매도포지션을 보유하고 있을 수도 있다. 어떤 뉴스가 나오고 상황이 어떻게 전개되든 나 혼자만 그 사실을 아는 것은 아니다. 모두 같은 사실을 알고 있다. 모든 상황 전개가 시장의 움직임이 자신에게 상당히 불리할 것임을 가리키고 있다.

그러나 다음날 시장이 열렸을 때 자신에게 불리한 움직임이 나타나지 않거나 아예 유리하게 움직인다면 **그것은 자신과 같은 방향으로 포지션을 취한 매우 강력한 세력이 있음을** 암시한다. 시장이 수월하게 곤경에서 벗어나게 해준다면, 나올 때가 아니다. 이것이 교훈이다.

Chapter 23

매진하는
즐거움

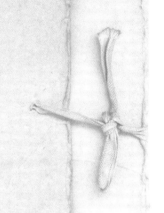

트레이딩은 단순한 일이나 부자가 되느냐의 문제가 아니다.
트레이딩은 좋아서 하는 일이고 도전하는 즐거움을
누리기 위해 매진하는 일이다.

시장의 마법사들은 꽤 흥미로운 표현으로 트레이딩을 설명한다.

- 브루스 코브너: "시장을 분석하는 것은 거대한 다차원 체스판과 같다. 순전히 지적인 즐거움이다."
- 짐 로저스: "(시장은) 거대한 3차원 퍼즐이다. … 하지만 커다란 테이블 위에 조각들을 펼쳐놓고 맞출 수 있는 퍼즐은 아니다. 밑그림은 계속해서 달라진다. 날마다 몇몇 조각이 사라지고 몇몇 조각이 추가된다."
- 데이비드 라이언: "(트레이딩은) 거대한 보물찾기와 같다. 여기 어딘가에 (주간 차트북을 쓰다듬으며) 큰 수익을 안겨줄 보물이 있다. 나는 그것을 찾으려고 한다.
- 스티브 클라크: "비디오 게임을 하는 것 같았고 게다가 돈을 받으면서 한다니 믿을 수 없었다. 무보수로 할 수도

있을 만큼 진심으로 즐겼다."

- 먼로 트라우트: "당장 은퇴해도 이자 수입으로 평생 편안히 살 수 있다. 트레이딩이 좋아서 하는 것이다. 어릴 때부터 게임을 좋아했다. 이제 굉장히 재미있는 게임을 할 수 있게 되었고 이 게임으로 큰돈을 번다. 솔직히 말해서 이것 말고는 하고 싶은 일이 없다. 트레이딩이 재미가 없어지거나 이익을 낼 수 없을 것 같은 순간이 오면 그만둘 생각이다."

이 고백의 공통점은 무엇일까? 모두 트레이딩을 게임에 비유했다는 점이다. 시장의 마법사들에게 트레이딩은 단순한 일이나 부자가 되느냐의 문제가 아니다. 그들에게 트레이딩은 좋아서 하는 일이다. 그들은 도전하는 즐거움을 누리기 위해 매진한다.

> 트레이딩은 단순한 일이나 부자가 되느냐의 문제가 아니다. 트레이딩은 좋아서 하는 일이고 도전하는 즐거움을 누리기 위해 매진하는 일이다.

빌 립슈츠를 인터뷰하면서 트레이딩이 그의 삶에 그토록 깊이 스며들었다는 사실에 놀랐다. 그는 잠결에도 몸을 돌려

볼 수 있도록 침대 옆에 둔 모니터 한 대를 포함해 어디서든 호가를 확인할 수 있도록 방마다 모니터를 설치했다. 그는 심지어 욕실에도 서서 볼 수 있는 눈높이에 모니터를 설치했다고 말했다. 이것은 시장에 대한 집착에 빗대 자조적으로 한 농담이거나 실제 집착의 증거일 것이다. 어쩌면 둘 다일 수도 있다.

나는 립슈츠에게 물었다. "밤은 말할 것도 없고 낮 시간의 대부분을 트레이딩에 쏟는데도 여전히 트레이딩이 재미있나요?" "엄청나게 재미있습니다!" 그가 대답했다. "매일같이 달라지니까 굉장히 매력적입니다. (중략) 무보수로도 할 수 있어요. 저는 서른 여섯 살입니다만 과연 일이란 걸 한 적이 있나 싶어요. 이런 정교한 게임을 즐기면서 이렇게 많은 돈을 벌다니 믿기지 않을 때도 있습니다."

자, 역시 게임에 비유했다. 시장의 마법사들을 인터뷰하면서 그들이 트레이딩에 끌리는 이유가 분명해졌다. 복잡한 게임처럼 보이는 이 분야에서 이기기 위해 도전을 즐기는 것이다. **그들은 좋아서 트레이딩을 한다. 부자가 되겠다거나 어떤 목표를 달성하기 위해서가 아니다. 그리고 그것은 커다란 차이를 만든다.**

트레이더로서 성공하는 데 결정적인 자질은 무엇인지 묻자 콤 오셔는 이렇게 대답했다. "솔직히 말해서 트레이딩을 좋아하지 않는다면 더 좋은 다른 일을 찾는 편이 나을 겁니다. 돈

때문에 트레이딩을 하는 사람은 트레이딩에 적합하지 않습니다. 오로지 돈이 동기를 부여한다면, 성공한 트레이더들은 5년 후면 일을 그만두고 물질적인 것을 누리겠죠. 하지만 그렇게 하지 않습니다. 잭 니클라우스는 돈이 아주 많죠. 그런데 왜 60대가 되어서도 골프를 계속 했을까요? 골프를 정말 좋아했기 때문일 겁니다."

분야를 막론하고 성공한 사람들은 예외 없이 자기 일을 사랑한다는 공통점이 있다. 트레이딩도 그렇다. 어떤 일이든 마찬가지다. 트레이딩에 대한 애정이 성공을 보장하지는 않겠지만 애정이 없다면 실패로 이어질 가능성이 높다.

옵션 기초 이해[1]

옵션에는 기본적으로 '콜'과 '풋' 두 가지 종류가 있다. 콜옵
션 매수자에게는 옵션 만기일 이전에 언제라도 기초자산이 되
는 상품을 특정 가격에 살 수 있는 권리가 부여된다(의무는 아
님). 이 특정 가격을 행사가격strike price, exercise price이라고 일컫는
다. 풋옵션 매수자에게는 만기일 이전에 언제라도 기초자산이
되는 주식을 행사가격에 팔 수 있는 권리가 부여된다. (따라서
풋옵션 매수는 약세장을 전망하는 매매인 반면 풋옵션 매도는 강세장을 전
망하는 매매임에 주목한다.) 옵션 가격은 '프리미엄premium'이라고
칭한다. 옵션거래를 예로 들면, IBM 4월물 210콜 한 계약은
옵션의 유효기간 동안 IBM 100주를 주당 210달러에 살 수 있
는 권리를 부여한다.

콜옵션 매수자는 특정 매수 가격을 보장lock-in받고, 따라서
미래에 예상되는 기초자산의 가격 상승에서 이익을 추구한다.
콜옵션 매수자에게 발생할 수 있는 최대 손실은 옵션 매수 당
시 지불한 프리미엄의 액수와 동일하다. 이 최대 손실은 행사

가격이 시장가격보다 높아서 옵션을 만기까지 보유할 때 발생한다. 예를 들어 행사가격이 210달러인 옵션의 만기 시점에 IBM 주식이 205달러에 거래되고 있다면 이 옵션은 가치 없이 소멸할 것이다. 반면 만기 시점에 행사가격보다 기초자산의 시장가격이 높을 경우 옵션은 일정한 가치를 지니게 되고 따라서 권리가 행사될 것이다.

하지만 시장가격과 행사가격의 차이가 옵션을 매수하며 지불한 프리미엄보다 적다면 이 거래는 순[net] 개념 기준으로 여전히 손실을 기록할 것이다. 콜옵션 매수자가 순이익을 실현하기 위해서는 시장가격과 행사가격의 차이가 콜옵션 매수 당시 지불한 프리미엄보다 커야 한다(수수료 비용 조정 후). 시장가격이 높을수록 이익도 더 커진다.

풋옵션 매수자는 특정 매도 가격을 보장받고, 따라서 미래에 예상되는 기초자산의 가격 하락에서 이익을 추구한다. 콜 매수자와 마찬가지로 풋 매수자의 최대 잠재 손실도 옵션 매수를 위해 지불한 프리미엄과 동일하다. 풋옵션을 만기까지 보유한 경우, 행사가격이 시장가격보다 높고 그 차이가 풋 매수 당시 지불한 프리미엄을 초과하면(수수료 비용 조정 후) 순이익이 발생한다.

콜 또는 풋 매수자가 부담하는 위험은 제한적이고, 잠재이익은 무한대다. 매도자의 경우는 그 반대다. 옵션 매도자(흔히 발행자라고 칭함)는 옵션이 행사될 경우 행사가격에 반대 포지션을 취할 의무를 지는 대가로 프리미엄을 받는다. 예를 들어, 콜옵션이 행사되면 매도자는 기초자산 시장에서 행사가격에 매도 포지션을 취해야만 한다. (콜옵션을 행사함으로써 콜 매수자는 행사가격에 매수 포지션을 취하기 때문이다.)

콜옵션 매도자는 미래에 기초자산 가격이 횡보하거나 소폭 하락할 때 이익이 발생한다. 이 경우, 콜을 매도하고 받은 프리미엄이 이 거래에서 기대할 수 있는 최대 이익이다. 하지만 큰 폭의 가격하락을 예상하는 경우 기초자산 시장에 대해 매도포지션을 취하거나 풋을 매수하는 편이 일반적으로 더 유리할 것이다. 잠재이익이 무한하기 때문이다. 풋 매도자는 가격이 횡보하거나 소폭 상승할 때 이익이 발생한다.

옵션 매수로 누릴 수 있는 잠재이익은 무한하지만 위험은 제한적이다. 따라서 일부 초보자들은 트레이더들이 항상 (시장을 보는 견해에 따라 콜이든 풋이든) 옵션 매수 편에 서지 않는 이유를 쉽게 이해하지 못한다. 이는 확률을 고려하지 않아서 발생한 혼란이다. 옵션 매도자가 부담하는 이론적 위험은 무제한이지만 실제로 발생할 확률이 가장 높은 가격 수준(즉, 옵션거래 당시 시장가격과 가까운 가격)은 옵션 매도자에게 순이익을 안겨줄 것이다. 즉, 옵션 매수자는 확률이 높은 작은 손실(프리미엄 비용) 위험을 감수하고 확률이 낮은 큰 이익을 얻겠다는 것이고, 옵션 매도자는 확률이 낮은 큰 손실의 위험을 감수하고 확률이 높은 작은 이익(프리미엄 수입)을 얻겠다는 것이다.

옵션 프리미엄은 내재가치와 시간가치로 이루어진다. 콜옵션의 경우 현재 시장가격이 행사가격보다 높을 때 그 차이가 내재가치가 된다. (풋옵션의 경우, 현재 시장가격이 행사가격보다 낮을 때 그 차이가 내재가치다). 사실, 내재가치는 현재 시장가격에서 옵션을 행사할 때 받을 수 있는 프리미엄의 일부에 해당한다. 내재가치는 옵션의 최저발행가격 역할을 한다. 만일 프리미엄이 내재가치보다 적다면 옵션을 매수해 행사한 다음, 그 거래로 발생한 포지션을 즉시 청산해서 순이익을 실현하는 것도 가능하기 때문이다(적어도 거래비용을 넘는 이익이 발생한다고 가정함).

내재가치가 있는 옵션(즉, 행사가격이 시장가격보다 낮은 콜옵션, 행사가격이 시장가격보다 높은 풋옵션)을 내가격ITM, in the money 옵션, 내재가치가 없는 옵션을 외가격OTM, out of the money 옵션, 행사가격이 시장가격과 거의 일치하는 옵션을 등가격ATM, at the money 옵션이라고 한다.

내재가치가 0인 외가격 옵션도 가치를 지닌다. 만기일 전에 시장가격이 행사가격을 넘을 가능성이 있기 때문이다. 내가격 옵션의 가치는 내재가치보다 크다. 기초자산 시장에서 포지션을 취하는 것보다 옵션 포지션이 유리하기 때문이다. 어째서일까? 가격이 유리하게 움직일 경우 옵션과 기초자산 포지션에서 발생하는 수익은 동일하지만, 옵션은 최대 손실이 제한되기 때문이다. 옵션 프리미엄에서 내재가치를 초과하는 부분이 옵션의 시간가치이다.

다음은 옵션의 시간 가치에 영향을 미치는 가장 중요한 세 가지 요인이다.

1. 행사가격과 시장가격의 관계: 깊은 외가격 옵션은 시간 가치가 거의 없다. 시장가격이 만기 전까지 행사가격에 도달하거나 넘어설 가능성이 거의 없기 때문이다. 깊은 내가격 옵션도 시간가치가 거의 없다. 기초자산을 보유하는 것과 효과가 거의 같기 때문이다. (가격이 극도로 불리하게 움직이는 경우를 제외하면 옵션과 기초자산 포지션에서 발생하는 이익과 손실이 동일할 것이다). 즉, 깊은 내가격 옵션은 행사가격과 시장가격의 격차가 이미 너무 크기 때문에 위험이 제한적이라는 사실이 그다지 매력적인 요인이 되지 못한다.

2. 만기까지 남은 시간: 만기가 멀수록 옵션의 가치는 더 크다. 유효기간이 길수록 만기 전에 특정 수준만큼 내재가치가 상승할 가능성도 커지기 때문이다.

3. 변동성: 옵션의 시간가치는 만기까지 남은 기간 동안 기초자산 시장의 예상 변동성(가격 변화 수준의 척도)에 직접

적으로 영향을 받는다. 변동성이 클수록 만기 전에 특정 수준만큼 내재가치가 상승할 가능성도 커지기 때문이다. 다시 말해, 변동성이 클수록 시장가격의 변동 가능 범위도 더욱 커진다.

변동성은 옵션 프리미엄을 결정하는 중요한 요인이다. 하지만 시장의 미래 변동성은 사건이 발생하기 전까지는 결코 정확히 알 수 없다는 점을 강조한다(이와 달리 만기까지 남은 시간, 현재 시장가격과 행사가격의 관계는 언제든 정확히 표시할 수 있다). 따라서 변동성을 추정할 때는 항상 역사적 변동성historical volatility을 근거로 해야 한다. 시장가격(옵션 프리미엄)에 내재된 미래 예상 변동성은 역사적 변동성보다 클 수도 있고 작을 수도 있다. 이를 옵션의 내재변동성implied volatility이라고 한다.

평균적으로 옵션 만기 시점 전까지 옵션의 내재변동성은 시장의 실현변동성realized volatility보다 대체로 크다. 다시 말해 옵션 가격은 본원적 가치보다 다소 높게 형성되는 경향이 있다. 옵션 매도자가 무한대로 부담하는 위험open-ended risk과 옵션 매수자에게 제공하는 가격보험 비용을 고려하면 프리미엄은 당연하다. 보험회사가 이윤을 남길 수 있는 수준에서 주택보험료가 책정되는 것과 같은 원리다. 그렇지 않다면 보험회사는 무한대의 위험을 떠맡을 유인이 없다.

저자 주석

1장. 실패는 예측할 수 없다

1. www.baseball-almanac.com/feats/feats23.shtml
2. 많은 선물시장이 일일 최대 가격 변동폭을 제한한다. 가격이 최대 변동폭 만큼 하락하면 하한가, 상승하면 상한가다. 자유시장의 힘이 작동해 결정되는 균형가격이 하한가 아래에서 형성되면 시장은 하한가에 잠겨 사실상 매매가 중단된다. 팔려는 사람은 넘쳐나는데 제한선까지 밀린 가격에 받아줄 매수자는 사실상 없기 때문이다.

4장. 경쟁우위가 필요하다

1. 이 질문은 룰렛 게임에 참여한다는 가정을 전제로 한다. 게임에 참여하지 않는 것이 훨씬 더 나은 전략이지만 그 가능성은 배제했다.

5장. 노력과 수고가 중요하다

1. 벤더의 사망 원인에 대해 코스타리카 당국이 그의 아내를 살인 혐의로 기소하면서 논란이 일고 있다. 자세한 내용을 아는 벤더의 가까운 친구와 이야기를 나누었고 그의 아내를 아는 나로서는 벤더가 스스로 목숨을 끊었다는 쪽으로 의견이 기운다.

8장. 위험관리

1. 옵션에 익숙하지 않은 독자는 이 부분을 건너뛰어도 좋다. 부록을 먼저 읽는 것도 좋다.

2. 자료 출처: www.barclayhedge.com

3. SAC 캐피털의 전직 직원 여러 명이 유죄를 인정했거나 내부자거래로 유죄 판결을 받았다. 회사도 내부자 거래 혐의에 대해 유죄를 인정해 총 18억 달러 벌금을 납부했다. 스티브 코헨은 직원들을 적절히 감독하지 못한 혐의로 기소되었지만 내부자거래에 직접 참여했다는 혐의를 받은 것은 아니다. 그럼에도 불구하고 앞서 언급한 유죄 판결, 그리고 코헨이 함께 일한 매니저들에게 통상적으로 매매 아이디어를 공유하도록 독려했다는 사실로 인해 코헨이 내부자 정보를 이용한 매매로 이익을 얻었는지, 얻었다면 얼마나 되는지를 둘러싸고 논란이 이어졌다. 코헨의 수익은 절반으로 줄여도 그 자체로 탁월한 기록이다. 코헨의 실적에 내부자 거래의 영향이 얼마나 됐든 (영향이 있었다면) 당연히 수익의 절반까지는 아니었을 것이다. 그렇지 않고 수익에 큰 영향을 미쳤다면 코헨을 직접 기소할 만한 충분한 증거가 있었을 것이다. 순전히 통계적인 관점에서 볼 때 코헨이 상당히 노련한 트레이더라는 사실에 대해서는 거의 의문의 여지가 없다고 믿는다. 이 글은 내부자 거래의 영향을 어떻게 가정하든 내가 코헨이 훌륭한 트레이더라고 믿는 이유를 설명하려는 것이다. 그가 내부자 거래에 직접 관여했을 수도 있다는 뜻은 절대로 아니다. 나는 이 문제에 대해 추측하고 싶지 않다. 실제로 그런 일이 있다면 용납할 수 없는 일이다.

9장. 자기 규율

1. 많은 선물시장이 일일 최대 가격 변동폭을 제한한다. 카터 대통령의 계획이 발표된 이후처럼 특정 사건이 매수자와 매도자 사이에 심각한 불균형을 초래하면 선물은 가격제한선까지 움직이고 사실상 거래가 이루어지지 않는다. 그 후로도 매수자와 매도자 사이에 충분한 균형이 형성되어 거

래가 자유롭게 재개되기 전까지 시장은 가격제한선 부근에서 움직일 것이다. 이 사례에서는 가격이 충분히 떨어져야 매수자들이 시장에 돌아올 것이다.

12장. 패배도 경기의 일부다

1. 일부 내용을 《시장의 마법사들》에서 발췌해 각색했다.

15장. 규모가 중요하다

1. 2007년 2월 옴니 글로벌 펀드로 이름을 변경했다. 그 전에는 하트포드 그로스 펀드Hartford Growth Fund라는 이름으로 운용되었으며 외부 투자자에게는 개방되지 않았다.

16장. 불편함을 추구하라

1. 대니얼 카너먼, 아모스 트버스키, 《전망이론: 위험 하에서의 결정에 관한 분석Prospect Theory: An Analysis of Decision under Risk》(Econometrica 47, no. 2 (March 1979): 263~291). 전망이론은 의사결정 이론의 한 분야로서, 대안을 선택했을 때 예상되는 결과가 인지되는 방식을 검토하여 사람들이 합리적인 판단에서 벗어난 의사결정을 내리는 이유를 설명하려는 이론이다. (정의 출처: www.qfinance.com)
2. 잭 슈웨거의 《시장의 이해와 오해Market Sense and Nonsense》(Hoboken, NJ: John Wiley &Sons, 2012)에서 발췌하여 각색함.

17장. 감정과 트레이딩

1. 미국 국채 가격은 금리와 반비례 관계다.

부록: 옵션 기초 이해

1. 《시장의 마법사들》(1989년)에 처음 실렸다.

삶의 지혜와 성공에 관한 의미 있는 지침서

　잭 슈웨거는 30년간 선물옵션, 외환, 상품, 헤지펀드 그리고 주식시장의 대가 60여 명을 만나 그들의 목소리로 직접 들은 투자 철학과 원칙, 실패 경험과 성공의 지혜를 《시장의 마법사들》총 4편에 생생하게 담아냈다. 총 2,200쪽이 넘는 《시장의 마법사들》시리즈 4편을 전부 해체해 23개 주제 아래 55명 트레이더의 사례와 함께 다시 정리한 것이 바로 《타이밍의 마법사들》이다.

　《주식시장의 마법사들》과 마찬가지로 이 책 역시 성공이 아닌 실패에 관한 이야기로 시작한다. 1부에서는 위대한 트레이더들의 고통스러운 실패를 되짚어본다. 일찌감치 경험한 실패에도 그들이 마침내 성공을 거둘 수 있었던 데는 끈기, 해야 할 일을 하는 자기 규율, 노력과 수고, 훈련 그리고 치열한 준비가 있었다는 사실을 강조한다.

2부에서는 성공한 트레이더들의 특징을 살펴본다. 성공에 필요한 자질과 경계할 심리 상태, 트레이딩을 대하는 태도와 약점을 극복하는 방법에 이르기까지 위대한 트레이더들에게서 공통적으로 발견되는 특징을 소개한다.

3부에서는 시장에서 온전히 살아남기 위한 기본적이면서도 실용적인 지침을 다룬다. 실수를 분석해서 반복하지 않아야 하며, 곤경에 처했을 때 시장이 순순히 놓아준다면 아직 나올 때가 아니라는 조언은 특히 유용하다.

일반투자자로서 손실에 어떻게 대처하고 원칙은 언제 수정하며 매매에 나설 때와 중단할 때는 언제이고 한 발짝 물러서 전략을 재평가할 때는 언제인지 그 '타이밍'을 생각하며 이 책을 읽어나간다면 자신에게 맞는 원칙과 전략을 개발하는 데 도움이 될 것이다.

한편 저자가 서문에서 강조했듯《타이밍의 마법사들》은 투자가 아닌 다른 분야에도 적용 가능한 삶의 지혜와 성공에 관한 의미 있는 지침서이기도 하다. 이 책을 통해 새로운 호기심을 발견한 독자라면 앞서 나온《시장의 마법사들》총 4편에 실린 인터뷰를 되짚어 읽어도 좋을 것이다.

위대한 트레이더 55인의 성공 법칙
타이밍의 마법사들

초판 1쇄 발행　2020년 12월 30일
　2쇄 발행　2024년 2월 29일

지은이 잭 슈웨거
옮긴이 김인정

펴낸곳 (주)이레미디어
전화 031-908-8516(편집부), 031-919-8511(주문 및 관리) | **팩스** 0303-0515-8907
주소 경기도 파주시 문예로 21, 2층
홈페이지 www.iremedia.co.kr | **이메일** mango@mangou.co.kr
등록 제396-2004-35호

편집 심미정, 이치영 | **디자인** 이유진 | **마케팅** 김하경
재무총괄 이종미 | **경영지원** 김지선

ISBN 979-11-88279-98-2 (03320)

·가격은 뒤표지에 있습니다.
·잘못된 책은 구입하신 서점에서 교환해드립니다.

───────

이 도서의 국립중앙도서관 출판예정도서목록(CIP)은 서지정보유통지원시스템 홈페이지
(http://seoji.nl.go.kr)와 국가자료종합목록 구축시스템(http://kolis-net.nl.go.kr)에서 이용
하실 수 있습니다.
(CIP제어번호 : CIP2020050144)

당신의 소중한 원고를 기다립니다.
mango@mangou.co.kr